Ute Tietje

Westernreiten

Praxiswissen für
Ein- und Umsteiger

KOSMOS

Western-reiten

Ist es der Hang nach etwas Neuem, der Wunsch, eine andere Reitweise zu lernen, oder sind es die Träume, genährt von der Glorifizierung des einsamen Cowboys, der am langen Zügel entspannt in den Sonnenuntergang reitet?

Was auch immer für die Entscheidung, sich dem Westernreiten zuzuwenden, ausschlaggebend war, der Neuling sollte sich darüber im klaren sein: So einfach diese Reitweise von Könnern demonstriert aussieht, sie erfordert sehr viel Übung, denn die sensible, manchmal kaum wahrnehmbare Hilfengebung, muß erst erlernt werden.

Die Westernreitweise hat sich aus einer Arbeitsreitweise entwickelt, bei der nicht die Lehre, sondern die Praktikabilität im Vordergrund stand. Daher gibt es auch keine einheitliche Westernreitlehre. Das Ergebnis zählt, wobei natürlich bestimmte Regeln, den Bewegungsmechanismus des Pferdes und sein natürliches Sozialverhalten betreffend sowie auch die Achtung gegenüber dem Tier Beachtung finden müssen. Dann hat man lange Freude an seinem vierbeinigen Partner.

Die andere Art des Reitens

▶ Die Ursprünge

Westernreiten ist ein Begriff, der eine Reihe verschiedener Bilder vor dem geistigen Auge entstehen läßt: von Cowboyromantik über Rodeo bis hin zu wild um sich schießenden Cowboys in Westernfilmen, bestenfalls noch Edelwestern mit John Wayne. Aber Westernreiter sind weder verhinderte Cowboys, die am Lagerfeuer unter sternenklarem Himmel träumen, noch reiten sie Bullen oder bockende Broncos bei Rodeos.

Westernreiter sind ganz einfach Sportler, die die Westernreitweise sowohl als eine Sportart als auch als eine seriöse Reitweise ausüben. Besonders bei Freizeitreitern erfreut sich das Westernreiten zunehmender Beliebtheit, da es durch seine

Westernreiten steht
für entspanntes Reiten

Trittsicherheit ist hier
eine Lebensversicherung

Disziplinenvielfalt für jeden Geschmack und für jedes Können etwas bereit hält. Ein korrekt ausgebildetes und erzogenes Westernpferd bereitet sowohl dem Gelände- und Wanderreiter als auch dem Westernturnierreiter Vergnügen.

Westernreiten wird auf allen Kontinenten der Erde betrieben und wurde 1996 in Atlanta auf der Olympiade unter den Begeisterungsstürmen des Publikums in seiner Disziplinenvielfalt präsentiert. Die Westernreitdisziplin Cutting ist nach Tennis und Golf die dritthöchstdotierte Sportart der Welt.

Die Ursprünge des Westernreitens liegen in Spanien, also Europa. Im Süd-Westen des damals kaum besiedelten Kontinents Nordamerika hielten die Spanier Tausende von Rindern in riesigen Herden. Ausgehend vom alt-spanischen Reitstil paßten die Vaqueros (spanisch: Rinderhirten) ihre Reitweise den Bedürfnissen des Alltags an. Diese Reitweise wurde später bei der weiteren Besiedlung des Landes auch in östlicheren Teilen der USA von den Cowboys übernommen, wenn auch in abgewandelter Form.

Bei der Arbeit der Cowboys war und ist ein gehorsames Pferd unerläßlich: ein Pferd, das leichtesten Hilfen gehorcht, einhändig geritten werden kann und bei der Rinderarbeit selbständig mitarbeitet. Da diese Arbeit häufig in rauhem Gelände stattfindet, muß das Pferd trittsicher, gut ausbalanciert, hellwach und nervenstark sein. Und genau diese Eigenschaften sind es, die ein western ausgebildetes Pferd zum idealen Freizeitpartner machen.

▶ Die Westernpferderassen

Mit der Westernreitweise kamen drei nordamerikanische Pferderassen zu uns nach Europa. Das Quarter Horse, das Paint Horse und der Appaloosa, deren Urväter die Pferde der spanischen Eroberer sind.

Das Quarter Horse ist mit mehr als 3,5 Millionen eingetragenen Pferden die verbreitetste Pferderasse der Welt. Der Name des Quarter Horse leitet sich von »quarter of a mile race« ab, einem Kurzstreckenrennen über eine Viertelmeile (ca. 400 m), das gegen Ende des 18. Jahrhunderts vor allem in den Südstaaten der USA sehr populär war. Auf dieser Distanz ist das Quarter Horse auch heute noch das schnellste Pferd der Welt.

Die Größe eines Quarter Horse liegt bei einem Stockmaß von 1,45 m bis 1,55 m. Es verfügt über eine ausgeprägte Muskulatur, die besonders an der Hinterhand zur Geltung kommt. Der Schwerpunkt des Quarter Horse liegt durch die kurzen Röhrenknochen sehr tief, was der Beweglichkeit und Wendigkeit dieser Pferde sehr entgegenkommt. Die bemuskelte Hinterhand steht gut unter, so daß der größte Teil des Pferdegewichts von ihr getragen wird, und ein Quarter Horse somit mühelos stoppen, wenden und sich ausbalancieren kann.

Was dieses athletische Pferd aber besonders reizvoll macht, sind seine inneren Werte. Das Quarter Horse hat in der Regel ein sanftes, nervenstarkes, charakterfestes Wesen, gepaart mit Intelligenz, Lernfähigkeit und Willigkeit.

Das Paint Horse ist in Herkunft, Typ und Eigenschaften identisch mit dem Quarter Horse. Es unterscheidet sich lediglich in der Fellzeichnung. Ein Paint ist ein geschecktes Quarter Horse.

Amerikas Weite – hier hat das Westernreiten seinen Ursprung

Appaloosa heißt die dritte Westernpferderasse. Der Name dieser Pferde leitet sich vom Palouse-River ab, der sich von Idaho bis in den Staat Washington erstreckt. Aus »A Palouse Horse« (ein Palouse Pferd) wurde später der Appaloosa.

Auf den Volksstamm der Nimipu (von den Franzosen Nez Percé Indianer genannt) geht die erste Zucht dieser Pferde zurück. Berühmt wurden die Appaloosas durch ihre Leistungsfähigkeit, die sie an den Tag legten, als der gesamte Stamm von Chief Joseph 1877 von vier US-Armee-Gruppen elf Wochen über eine Strecke von 1600 km bis hin zur kanadischen Grenze verfolgt wurde. Eine Tagesreise vor der rettenden Grenze wurden die Nimipu von den Truppen eingeholt. Appaloosa sind ruhige, harte, ausdauernde

Rugged Lark

Rugged Lark – ein Quarter Horse der Sonderklasse

Der bayfarbene, 1981 geborene Quarter Horse Hengst ist spätestens seit seiner Dressurkür im Rahmen der Olympischen Spiele in Atlanta 1996 auch Nicht-Westernreitern bekannt. Dort stellte ihn seine Trainerin Lynn Palm Pittion-Rossillon unter anderem ohne Trense in western- und klassischen Lektionen vor.

Von stehenden Ovationen des Publikums begleitet, verabschiedete sich dieses großartige Pferd mit einer letzten grandiosen Kür bei der AQHA World Championship 1997 in Oklahoma City vom Showgeschäft.

Seine Erfolge sind beispiellos:

325 AQHA Punkte aus 10 Disziplinen
1985 All-Around Performance Champion beim All American Quarter Horse Congress
1985 und 1987 World Championship Superhorse
1987 World Champion Hunter under Saddle
1987 Reserve World Champion in Pleasure Driving und Senior Western Riding
Vater von The Lark Ascending World Championship Superhorse
Vater von Regal Lark Reserve World Championship Superhorse
Vater von sieben Pferden, die insgesamt elf Weltmeistertitel holten
insgesamt Vater von mehr als 350 Fohlen

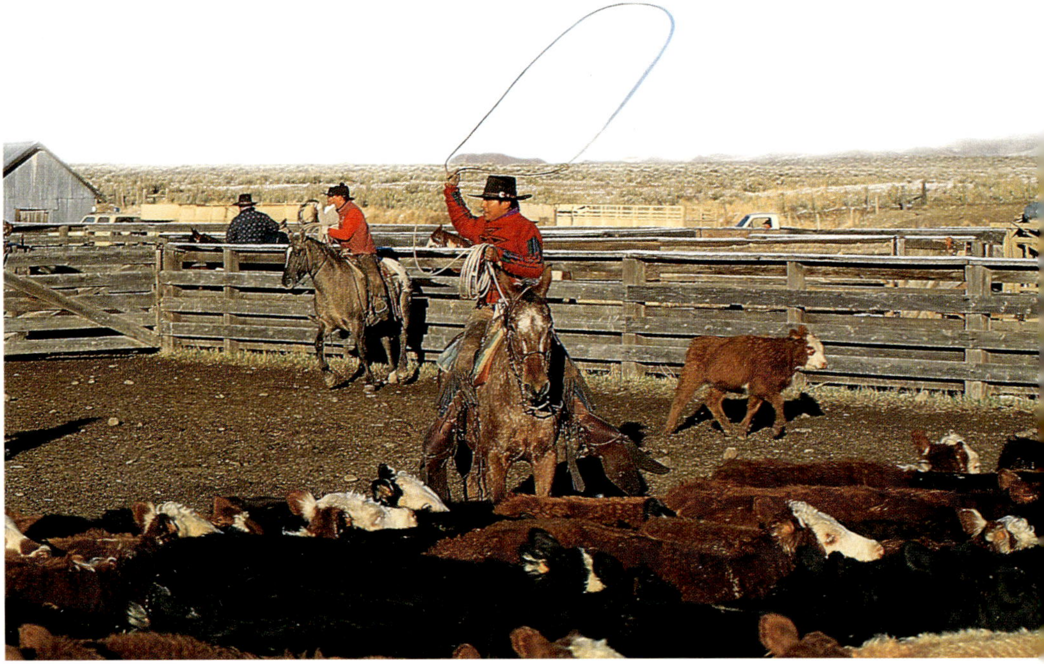

Die Zusammenarbeit zwischen Reiter und Pferd muß reibungslos funktionieren

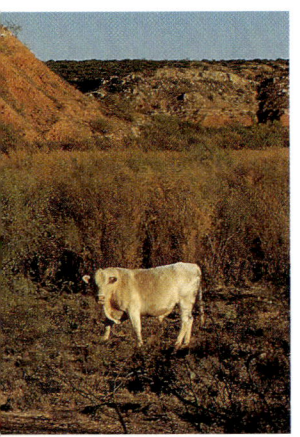

Pferde mit einem Stockmaß von ca. 1,48 m bis 1,60 m. Ihr typischstes Merkmal ist ihre einzigartige Zeichnung. Es gibt eine ganze Reihe von Farbmustern, wie die Leopardzeichnung (weißes Fell mit dunklen Flecken am ganzen Körper), Snowflakezeichnung (dunkel mit hellen Flecken über den ganzen Körper) oder die Blanketzeichnung (dunkel mit heller »Decke«).

Typische Rassemerkmale des Appaloosas sind eine weiße Sklera (weißes im Auge wie beim Menschen), gesprenkelte Haut um Nüstern und Weichteile sowie vertikal gestreifte Hufe.

Westernreiten entstand aus der Arbeit mit Rindern

▸ Die Ausbildung von Pferd und Reiter

Ziel der Ausbildung eines Westernpferdes ist ein Reitpferd – sei es ein Quarter Horse, Paint Horse, Appaloosa oder ein Pferd anderer Rassen –, das sich mit minimaler Hilfengebung am leicht durchhängenden Zügel reiten läßt. Dazu ist ein korrekter Sitz des Reiters unbedingt erforderlich. In einer soliden Grundausbildung wird dem Pferd beigebracht, auf minimale, signalhafte Hilfen zu reagieren. Das Pferd wird gelehrt, am losen Zügel ein ruhiges, gleichmäßiges Tempo beizubehalten. Gelegentlich wird der Zügel zur Korrektur eingesetzt, doch sofort wieder locker gelassen, sobald das gewünschte Resultat erreicht ist. Das Pferd soll im Genick nachgeben und sich biegen.

Das Westernreiten unterscheidet sich in der Hilfengebung wesentlich vom klassischen Reiten. Westernreiten bedeutet Impulsreiten. Im Gegensatz zur klassischen Reitweise wird in der Regel eine Hilfe (Schenkel-, Zügel-, Gewichts- und Stimmhilfe) nur einmal kurz gegeben, und das Pferd folgt diesem Befehl (z. B. zum Galopp) ohne weitere Hilfegebung so lange, bis ein anderes Kommando es zu etwas Neuem auffordert. Zum Erteilen von Lob oder Befehlen ist außerdem die Stimme als Hilfe besonders wichtig.

Das bedeutet für den Reiter, daß er von Anfang an intensiv an seinem Sitz arbeiten muß, um sein Pferd sensibel führen zu können. Beim Westernreiten ist im Gegensatz zum klassischen Reiten nicht der aktive, sondern der passive Sitz gefragt. Zunächst sollte der Reiter lernen, ausbalanciert und im Gleichgewicht auf seinem Pferd zu sitzen. Der Zügel, der instinktiv von vielen Reitern als Notbremse benutzt wird, sollte leicht durchhängen.

Das Westernreiten spricht Freizeitreiter vor allem deshalb an, weil es eine Möglichkeit bietet, entspannt und streßfrei in der Natur zu reiten. Das am leicht durchhängenden Zügel im langsamen Trab, dem Jog, gehende oder ruhig galoppierende Pferd läßt dem Reiter Zeit, im bequemen Westernsattel die Schönheiten der Natur zu genießen. Das Training des Westernpferdes basiert nämlich auf gegenseitigem Vertrauen, wobei der Mensch immer die Rolle des »Leittiers« in den Augen des Pferdes einnehmen muß. Der Schlüssel zum Pferd ist, dessen Ängste zu erkennen. Durch fairen Umgang mit dem Partner Pferd, sogenanntes »Horsemanship«, können Ängste abgebaut und Vertrauen gebildet werden.

Genußvoller Ausritt auf einem gut ausgebildeten Pferd

▶ Das geeignete Pferd

Kann man überhaupt auf den hier verbreiteten Pferderassen westernreiten? Als Zuschauer bei hochklassigen Westernturnieren oder auch beim Blättern in Fachbüchern und Fachzeitschriften kommt diese Frage sicherlich auf.

Man unterscheidet zwischen Westernpferden und Westernpferderassen. Ein Westernpferd ist ein in der Westernreitweise gerittenes Pferd, egal welcher Rasse. Quarter Horses, Paint Horses und Appaloosas gehören zu den Westernpferderassen.

Durch selektive Pferdezucht wurden weltweit Pferde mit den verschiedensten Eignungszielen gezüchtet. Quarter Horses und Paint Horses sind für den Westernreitsport aufgrund ihrer selektiven Zucht ausgesprochen geeignet. Jedes Pferd, das für die Rancharbeit ungeeignet war – sei es durch Gebäudefehler, durch unerwünschte charakterliche Eigenschaften oder z. B. durch mangelnden Cowsense – wurde aus der Zucht genommen.

Selbstverständlich sind Pferde mit diesen in den Genen verankerten Eigenschaften prädestiniert, erstklassige Pferde für den Westernreitsport zu sein. Neben ihrem Einsatz als Turnierpferde werden Quarter Horses auch heute noch hauptsächlich für den Ranchbedarf gezüchtet, und zwar mit allen dafür wichtigen Eigenschaften.

Doch für viele Reiter sind diese Pferde nicht erschwinglich oder aber sie haben bereits ein Pferd und können sich ein weite-

Haflinger sind genauso für die Westernreitweise geeignet...

... wie Norweger

res nicht leisten, ohne das vorhandene zu verkaufen. Und wer verkauft schon gerne seinen Freund?

Auf großen internationalen Turnieren findet man überwiegend Westernpferderassen vor. Doch daß Pferde vieler in Deutschland gezogener Rassen nicht nur generell für die Westernreitweise, sondern auch für spezielle Disziplinen des Westernturniersports geeignet sind, geht aus den Turnierergebnissen der letzten Jahre hervor. Dort waren nicht nur Hannoveraner, Westfalen, Araber, Haflinger und Shetlandponys, sondern auch etliche Pferde ohne Papiere auf den rasseoffenen Meisterschaften der EWU unter den Erstplazierten zu finden. Auf den von den Rasseverbänden ausgerichteten Meisterschaften sind ausschließlich Pferde der jeweiligen Rasse zugelassen.

Prinzipiell kann man jedes Pferd auf die Westernreitweise umschulen, wenn es nicht erhebliche charakterliche Mängel aufweist oder durch falsche Behandlung verdorben wurde. Haben Menschen das arme Tier durch mangelnde Kenntnisse über die Pferdepsyche verdorben, ist es in der Regel für keine Reitweise mehr geeignet. Unter Anleitung eines Trainers können die meisten Pferde von ihren eigenen Besitzern auf die Westernreitweise

Auch Araber gibt es unter den Westernpferden

umgestellt werden, wobei eine kurze Umstellungsphase von etwa vier Wochen beim Trainer mit nachfolgender Schulung auf seinem eigenen Pferd für den Reiter die Arbeit erleichtert. Wichtig ist, darauf zu achten, daß der Western-Trainer auch die klassische Reitweise beherrscht. Er sollte genau wissen, wie ein klassisch korrekt gerittenes Pferd auf welche Hilfen reagiert.

Ein Problem, das sich für das Pferd ergeben kann, ist, den Kopf allein zu tragen und sich ohne Anlehnung an den Zügel selbst auszubalancieren. So kann es durchaus sein, daß ein umgestelltes Pferd ein bis zwei Monate ständig stolpert, weil ihm die Anlehnung an den Zügel – sozusagen das fünfte Bein – fehlt.

Ein Pferd, mit mangelndem Sozialverhalten, braucht sicherlich länger für eine Westernausbildung. Die Westernreitweise ist kein Allheilmittel gegen widerspenstige Pferde, wie häufig angenommen wird. Die Akzeptanz des Reiters als »Alphatier« muß vorhanden sein. Ist das Pferd widerspenstig, weil es Rückenprobleme unter einem klassischen Sattel hat, wird es vielleicht mit einem Westernsattel, der das Gewicht großflächiger auf dem Pferderücken verteilt, bald besser reitbar sein. Haben ihm aber Menschen psychischen Schaden zugefügt, so muß man neben der neuen Reitweise auch an anderen Dingen arbeiten.

Das größte Reiterpotential stellen wohl in jeder Reitsportart die Freizeitreiter. Hiermit sind Menschen gemeint, die mit ihrem Freund Pferd am liebsten durch die Natur streifen, ohne den Leistungsdruck eines Turniers zu verspüren.

Für den reinen Freizeitreiter, der sein Pferd auf die Westernreitweise umstellen möchte, sind die charakterlichen Eigenschaften des Pferdes der wichtigste Punkt. Es sollte generell intelligent und lernwillig sein, denn die Ausbildung zum Westernpferd stellt einige Anforderungen an das Tier. Wer Turniere reiten will, muß je nach gewünschter Disziplin auch entsprechende Ansprüche an das Exterieur, den Körperbau des Pferdes, stellen. Es sollte kein Pferdebesitzer dabei vergessen, daß jedes Pferd nur die Leistung erbringen kann, die ihm sein Körperbau und seine Ausbildung ermöglichen.

Durch Ausbildung und Gymnastizierung des Pferdes läßt sich mancher Gebäudemangel ausgleichen, und durch das Vertrauen zu »seinem« Reiter kann auch mancher leichte charakterliche Mangel ausgeglichen werden.

Pferde aller Rassen sind auf dem Siegertreppchen zu finden

Das Pferd muß lernen, daß ihm nicht mehr jeder Schritt einzeln durch die Schenkel abverlangt wird. Ohne wiederholte Schenkelhilfen muß es weitergehen, bis der Reiter etwas anderes von ihm verlangt. Trotz des plötzlich nicht mehr anstehenden Zügels sollte das Pferd ein gleichmäßiges Tempo beibehalten und auch ohne ständigen Zügelkontakt willig rückwärts gehen.

Die Ausbildung eines mit weniger Naturtalent ausgestatteten Pferdes dauert natürlich entsprechend länger. Geduld, Einfühlungsvermögen und konsequente Erziehung sind dabei immer unerläßlich. Aber ist es nicht das, was am Ende aus Pferd und Reiter eine Einheit macht? Und wie groß ist nach dieser Zeit die Freude, wenn man dann sein Ziel erreicht hat, sei es nun der erste genußvolle Ausritt, die erste Schleife auf einem Turnier oder gar das bestandene EWU-Westernreitabzeichen.

▶ Der richtige Trainingsstall

Nicht unproblematisch kann sich bei dieser erst seit 25 Jahren in Europa praktizierten Sportart die Suche nach einem kompetenten Trainer gestalten. Denn fürs Westernreiten gibt es derzeit noch keine Trainerlizenzen und keine Berufsausbildung zum Westerntrainer in Deutschland. Das heißt, jeder, der sich »berufen« fühlt, kann sich ungeachtet seines Könnens »Trainer« nennen.

Lediglich in einigen großen Western-Trainingställen besteht die Möglichkeit, die Prüfung zum Pferdewirt Zucht und Haltung abzulegen. Einige wenige junge Leute haben in den USA eine Collegeausbildung mit der Fachrichtung »Equine Technology« absolviert, und seit 1996 werden bei der EWU Fachübungsleiter ausgebildet, die unterste Stufe der Amateurlizenz. Ein weiterer Aufbau über die erste Stufe hinaus erfolgt derzeit.

Wie kann der zukünftige Westernreiter die Qualität des Trainingsstalles beurteilen und wissen, ob er den richtigen Trainer für seine Reitausbildung angesprochen hat?

Nach dem Training geht es zur Entspannung ins Gelände

Die erste Hürde ist die, daß häufig auf Entfernungen von mehr als 50 km gar kein Trainingsstall zu finden ist und wenn, dann stehen oft keine Schulpferde zur Verfügung.

Ist man trotzdem fündig geworden, sollte man vor Anmeldung zum Unterricht einmal im Stall vorbeischauen, allerdings sinnvollerweise nach telefonischer Voranmeldung, da man sonst kaum erwarten kann, daß der Ansprechpartner Zeit hat. Bei einem persönlichen Gespräch kann dann abgeklärt werden, ob der Trainer in der Lage ist, die Ausbildung entsprechend den eigenen Wünschen, Zielen und Fähigkeiten zu übernehmen.

Außerdem ist es sicherlich erlaubt, beim Unterricht anderer Reitschüler oder auch den Reitkünsten des Trainers selbst zuzusehen. Den Wert des Unterrichts kann man danach beurteilen, ob der Trainer das, was er von seinen Schülern erwartet, auch verständlich erklären und vorreiten kann. Der Lehrer sollte bei der Korrektur von Pferd und Reiter nicht laut werden, sondern geduldig und sachlich mit seinen zwei- und vierbeinigen Schülern arbeiten. Die Anzahl der Schüler in einer Reitstunde sollte begrenzt sein. Bei einem größeren Reitbetrieb empfiehlt es sich nachzufragen, ob der Trainer selbst den Unterricht erteilt oder diese Aufgabe delegiert und wenn, an wen. Einem in der Szene unbekannten Trainer kann man durchaus detaillierte Fragen über seine Ausbildung und Erfolge stellen, denn es tummeln sich leider einige schwarze Schafe in der Western-Szene.

Bei der Wahl des Trainingsstalles sollte man auf die Pferdehaltung achten — vorbildlich hier die Offenstallhaltung

Im Offenstall gehaltene Pferde sind ausgeglichene Reitpartner

Soll das eigene Pferd von der klassischen auf die Westernreitweise umgestellt werden, sollten auch die Fragen zur klassischen Reitausbildung des Trainers nicht vergessen werden.

Turniererfolge können ein weiteres Bild über den Ausbilder ergeben und sind derzeit fast die einzige Möglichkeit nachzuweisen, daß man sein Metier versteht. Eine Garantie, daß die Kenntnisse ebenso gut und verständlich vermittelt werden können, ist dies leider nicht.

Ein weiteres Kriterium für die Qualität des Trainers können auch Turniererfolge seiner Schüler sein. Die hochklassigsten Turniere in Deutschland sind sicherlich die QH-EM, die für alle Rassen offene Europameisterschaft, und die Deutsche EWU-Meisterschaft. Kritisch sind solche Trainer zu sehen, die sich niemals dem Wettkampf mit anderen gestellt haben, weil angeblich keine Zeit dazu war. Die Leistung eines Trainers selbst zu beurteilen, ist als Einsteiger kaum möglich, wenn man nicht bereits bei einer Reihe internationaler Turniere einen Eindruck davon bekommen hat, wie Westernreiten wirklich aussieht.

Schleifen von C- und D-Turnieren in der Einsteigerklasse dienen keinesfalls dem Nachweis der Kompetenz. Man sollte sich ruhig genau erkundigen was, wie, wo gewonnen wurde. Welche Erfolge hat der Trainer mit von ihm selbst ausgebildeten Pferden bzw. welche Erfolge haben von ihm ausgebildete Pferde? Kann er überhaupt selbst ausgebildete Pferde vorweisen? Ein perfekt ausgebildetes Pferd aus den USA kurze Zeit erfolgreich im Turniersport vorzustellen, gelingt so manchem, doch häufig hört man nach kurzer Zeit kaum noch etwas von diesen Pferden.

Viele Trainer haben sich spezialisiert, das heißt ihre Schwerpunkte liegen unter Umständen bei Reining, Working Cowhorse oder Cutting. Das sind keine Anfängerdisziplinen! Bedauerlicherweise sind immer häufiger Reitanfänger zu beobachten, die solche anspruchsvollen Übungen vor dem Erlernen der Grundlagen reiten möchten. Diese Disziplinen sehen spektakulär aus, und manche Trainer lassen ihre Schüler in dem Glauben, daß es kein Problem sei, gleich mit solch schweren Übungen anzufangen. Kein klassischer Reiter käme auf die Idee, eine S-Dressur vor der A-Dressur reiten zu wollen oder mit der Springausbildung zu beginnen, bevor eine gewisse Basis im Dressurreiten geschaffen ist. Die solide Grundausbildung ist auch beim Westernreiten unerläßlich. Zu diesem Thema sagt Jack Brainard, überragender US-Horseman und Gründungsmitglied der National Reining Horse Association: »Ein Reining Pferd ist nicht einfach zu reiten. Fehlt eine solide reiterliche Grundausbildung, sind Probleme vorprogrammiert, denn schließlich

Die Farbe eines Pferdes ist zweitrangig – auf den Charakter kommt es an

Sattel und Trense
sollten immer
gepflegt sein

ist ein Reiningpferd darauf trainiert, komplizierte Manöver bei hohem Tempo und mit leichtester Hilfengebung korrekt ausführen zu können.«

Die weitere Frage ist, ob ein solcher Spezialist in der Lage ist, auch Westernreiter mit anderen Zielen auszubilden bzw. in geduldiger Arbeit die Grundlagen einer reiterlichen Ausbildung zu vermitteln. Grundsätzlich muß jeder, der reitet, egal ob Freizeitreiter, Wanderreiter oder Reiter verschiedener Turnierdisziplinen, nach den Grundregeln der Western Horsemanship ausgebildet werden, auch wenn einige erfolgreiche Show-Reiter ihren eigenen Stil entwickelt haben.

Wenn die Trainer über die anderen Westernreitdisziplinen zu ihren Spezialdisziplinen gekommen sind, werden sie auch in der Lage sein, klare Aussagen über den korrekten Sitz und andere wichtige Grundsätze zu treffen.

Der Umgang des Trainers mit Schülern und Pferden ist von besonderer Bedeutung. Ein Reitlehrer, der das Training von Reiter und Pferd langsam angeht, im Unterricht ausgeglichen und ruhig bleibt, ist sicherlich ein besserer Trainer, als einer, der schon nach wenigen Stunden versucht, einem verschreckten Freizeitreiter unter lautstarken Äußerungen einen fliegenden Galoppwechsel beizubringen. Die Grundlage allen Reitens ist das langsame schrittweise Vorgehen, damit Pferd und Reiter imstande sind, eine Übung in Harmonie auszuführen, egal wie lange es dauert.

Die verbreitetste Art des Westernreitunterrichts ist die mit dem eigenen Pferd. Unter Aufsicht eines Trainers lernen die Reiter, ihr Pferd vom klassischen Reiten auf die Westernreitweise umzustellen bzw. ein westernausgebildetes Pferd westernmäßig zu reiten. Häufig »mieten« sich Gruppen einen Trainer für einen Tag, ein Wochenende oder länger auf ihre Privatanlage oder die ihres klassischen Reitvereins.

Für Nichtpferdebesitzer gestaltet sich der Unterricht im Westernsattel sehr schwierig, weil Schulpferde kaum zur Verfügung stehen. Denn diese müssen sehr gut ausgebildet sein, um Reitneulingen sowohl die Sicherheit, als auch das schnelle Erlernen der Hilfen zu vermitteln. Solche Pferde sind nicht nur teuer, sondern müssen auch regelmäßig vom Trainer Korrektur geritten werden, damit die Fehler der Reitanfänger sich nicht negativ auf das Pferd auswirken. Dreijährige Verkaufspferde auf Durchgangsstation z.B. sind nicht die richtigen Lehrmeister für Reitanfänger.

Rechnen Sie sich selbst aus, wie viele Jahre ein Pferd täglich einige Stunden lang im Schulbetrieb gehen müßte, um seinen hohen Anschaffungspreis zu rechtfertigen, von laufenden Kosten durch Unterbringung, Futter, Hufschmied, Tierarzt ganz zu schweigen. Was verdient der Trainer dann noch an seinen Reitstunden, und was sollen diese dann kosten?

Die beim Westernreiten übliche artgerechte Haltung, d.h. große Boxen, Auslauf und Weidegang für jedes Pferd, machen es meistens ohnehin nicht möglich, sehr viele Schulpferde zu halten.

Bei der Auswahl seines Trainers sollte man ruhig kritisch sein und niemandem den Vorzug geben, nur weil er in der Nähe wohnt, eine große Anlage hat oder vielleicht sehr preiswert ist.

Egal wie das Ziel heißt, Turniersport oder »nur« in den Wald reiten, nur eine solide Ausbildung ist die Basis für harmonische Ritte.

Adressen von Trainingsställen kann man Westernfachzeitschriften entnehmen, sich bei der EWU, dem Dachverband der Westernreiter, Informationen geben lassen bzw. sich an die Landesverbände der EWU wenden (Adressen finden Sie im Serviceteil dieses Buches).

Allerdings sollte sich jeder selbst vor Ort ein Bild über die Qualität der Ställe machen. Dem einen liegen Ställe mit riesigen Anlagen und viel Personal, dem anderen kleine Ställe mit individueller Betreuung. Nicht zuletzt achtet man auf die Unterbringung und den Zustand der

Ein Fußbad im Bach erfrischt und macht beiden Spaß

Westernsättel sind für lange Ausritte ideal

Pferde (glänzendes Fell, Anzeichen von Krankheiten, Ernährungszustand), auf die Sauberkeit im Stall und den Boxen sowie den Umgangston der Leute untereinander.

Checkliste Trainersuche

☐ 1. Wie lange reitet der Trainer schon western, welche Ausbildung hat er?

☐ 2. Welche Turniererfolge hatte er in welchen Disziplinen und in welcher Klasse?

☐ 3. Welche Erfolge können die von ihm ausgebildeten Pferde und seine Schüler vorweisen?

☐ 4. Wie geht der Trainer mit seinen zwei- und vierbeinigen Schülern um?

☐ 5. Sind die Schulpferde gut ausgebildet, und sehen Pferde wie Ausrüstung gepflegt aus?

▸ Kleine Sattelkunde

Westernsättel gibt es in vielen Variationen, sowohl die Optik als auch den Satteltyp betreffend. Das Ausgangsmodell aller Sättel war der spanische Sattel der Conquistadores, aus dem sich der heutige Ranch-Gebrauchssattel entwickelte. Dieser schlichte Sattel war so bequem zu sitzen, daß man ohne Anstrengung und wunden Stellen Stunden und Tage im Sattel verbringen konnte.

Daneben ist die große Auflagefläche und die dadurch optimale Verteilung des Reitergewichtes auf dem Pferderücken einer der Vorteile des Westernsattels. Manches Pferd, das unter einem klassischen Sattel Rückenprobleme hatte, geht unter einem Westernsattel entspannt, denn dieser liegt nicht auf den Muskelsträngen des Rückens auf, sondern auf den Rippenbögen. Nachteilig ist das hohe Gewicht und die Tatsache, daß Gurtung und Steigbügelverstellung nur vom Boden aus möglich sind.

Ein Equitation-Sattel der gehobenen Klasse

Die Satteltypen unterscheiden sich je nach der Disziplin, für die sie eingesetzt werden. Man unterscheidet zudem zwischen unterschiedlichen Sattelbäumen für verschiedene Pferderassen und verschiedenen Sitzgrößen für den Reiter.

War der Sattelbaum früher immer aus Holz und mit Rohhaut überzogen, verwendet man heute häufig Kunststoffbäume. Diese sind etwas leichter als Holzbäume und stehen – sofern sie qualitativ hochwertig sind – einem Holzbaum sicher in nichts nach. Die am Pferderücken aufliegenden Teile, die sogenannten Bars, bestimmen je nach ihrer Winkelung, für welches Pferd der Sattel geeignet ist. Die Höhe und Breite der Kammer richtet sich nach dem Verwendungszweck des Sattels. Auch die Fork des Westernsattels kann unterschiedliche Formen haben, was von den jeweiligen Swells (seitliche Wülste) abhängt. Das Sattelhorn kann aus Holz oder aus lederverkleidetem Metall sein. Das Horn für den Freizeitreiter sollte möglichst niedrig sein, um den Reiter nicht zu behindern.

REINING-SATTEL Dieser Satteltyp besitzt nur eine niedrige Fork und ein kleines Horn, damit das Horn den Händen nicht im Weg ist. Der Sitz hat den tiefsten Punkt im hinteren Bereich der Sitzfläche und ein gutes Cantle.

ROPING-SATTEL Obwohl in Deutschland außer auf Rodeos kein Roping betrieben wird, werden jede Menge Arbeitssättel eingeführt. Ein Nachteil ist sicherlich sein hohes Gewicht. Durch seine Bequemlichkeit ist er aber bei Freizeitreitern beliebt. Der Baum und besonders die Fork mit dem großen Horn sind schwerer als bei anderen Sätteln. Ein Back-Cinch (hinterer Bauchgurt) darf bei diesem Sattel ebenso wie beim Cutting-Sattel nicht fehlen, da er für zusätzlichen Halt sorgt.

SHOW-SATTEL oder **EQUITATION-SATTEL** Er wird vor allem für die Turnierklassen Western Pleasure, Western Horsemanship, Trail und Western Riding verwendet. Da mit diesem Sattel vorwiegend Shows geritten werden, besitzt er meist eine hübsche Punzierung oder eine Silberverzierung.

OLDTIMER Mit deutlichen Merkmalen des kalifornischen Sattels besitzt dieser Sattel ein übergangslos hochgezogenes, hohes Cantle. Die Fork ist hoch und das Horn meist umwickelt. Er verfügt über eine »Conventional Rigging« und einen hinteren Bauchgurt.

FREIZEITREITERSATTEL So werden Mischtypen genannt, die auf die Bedürfnisse der unspezialisierten Freizeitreiter abgestimmt sind. Diese Sättel sind weniger aufwendig verziert, haben ein kleines, niedriges Horn, sind nicht allzu schwer und vom Preis her meist moderat. Einige Modelle erschweren dem Reiter einen korrekten Sitz, weil die Fenderaufhängung zu weit vorne liegt.

CUTTING-SATTEL Mit seinem flachen Sitz, der hohen senkrechten Fork, seinem extrem hohen dünnen Horn und den ebenfalls sehr schmalen Bügeln, ist der Cutting-Sattel ausschließlich für diese Disziplin geeignet.

Der Sattelgurt

Wichtig ist, daß er an beiden Seiten Schnallen mit Dornen besitzt, da der von den Cowboys benutzte Krawattenknoten absolut unpraktisch und inzwischen unüblich geworden ist und für den Freizeitreiter auch aus Sicherheitsgründen nicht zu empfehlen ist.

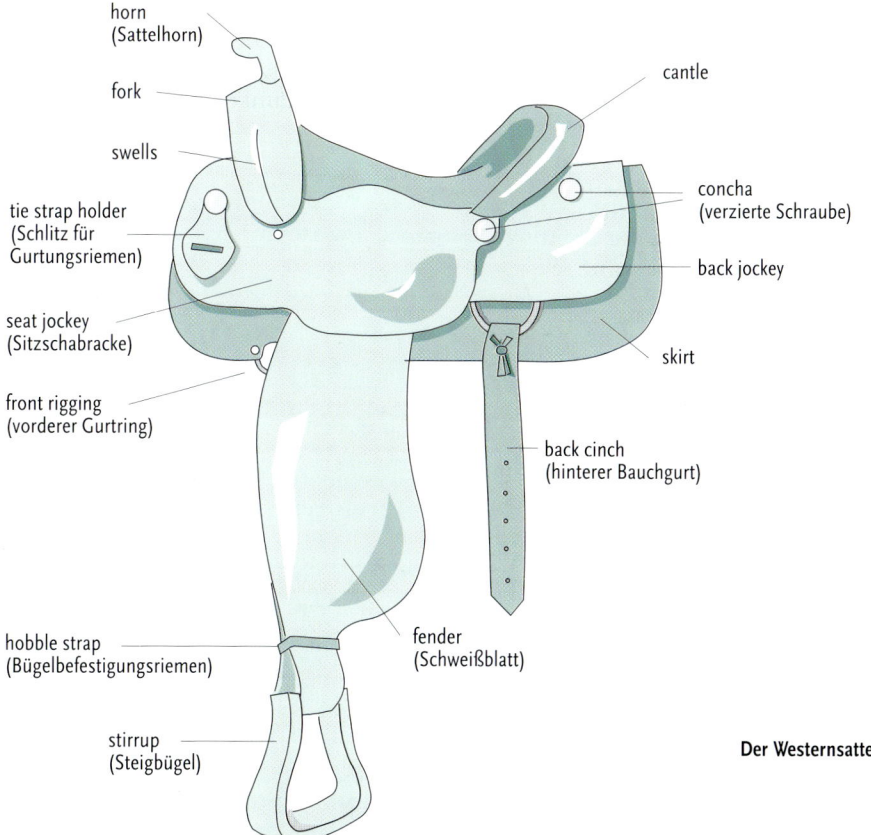

horn
(Sattelhorn)

cantle

fork

swells

tie strap holder
(Schlitz für
Gurtungsriemen)

concha
(verzierte Schraube)

back jockey

seat jockey
(Sitzschabracke)

skirt

front rigging
(vorderer Gurtring)

back cinch
(hinterer Bauchgurt)

hobble strap
(Bügelbefestigungsriemen)

fender
(Schweißblatt)

stirrup
(Steigbügel)

Der Westernsattel

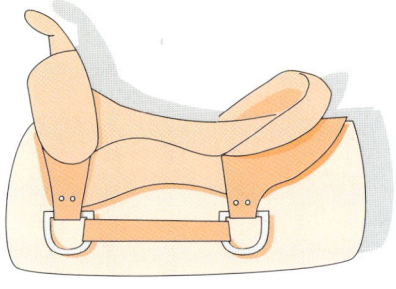

Conventional Rigging

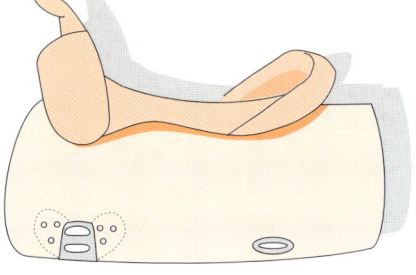

Inskirt Rigging

Denn einen solchen Knoten im Gelände nachzuziehen, wenn das Pferd vielleicht nicht still stehen will, kann sich als recht problematisch erweisen.

Beim Kauf eines Gurtes muß die Länge unbedingt dem Umfang des Pferdes angepaßt sein. Die Gurthöhe soll auf beiden Seiten gleich sein, damit der Ring im Gurt genau zwischen den Vorderbeinen sitzt. Die Materialien, aus denen Gurte angeboten werden, sind recht vielfältig. Der Tie-Strap, hier gurtet der Reiter, und der Off Billet, die aus Leder sein sollten, gehören zum Sattel dazu. Zu warnen ist vor Kunststoffgurten, die eine erhebliche Unfallgefahr beinhalten, da die Dornlöcher immer größer werden und der Dorn herausrutschen kann, so daß sich die Gesamtgurtung auflöst.

Wichtig ist auch die Rigging, das Gurtungssystem, am Sattel. Die konventionelle Rigging, meist bei den Arbeitssätteln und Sätteln für Rinderdisziplinen zu finden, ist direkt am Sattelbaum befestigt. Angenehmer, da sie die Bewegung des Beines nicht so behindert, ist die Inskirt Rigging. Hier ist das Gurtungssystem im äußeren Sattelleder eingelassen.

Ein Inskirt Rigging wird bevorzugt, um dem Reiter einerseits den engen Kontakt zum Pferd zu ermöglichen und andererseits die Bewegungsfreiheit des Bügelleders zu gewährleisten.

Das Vorderzeug

Ein Vorderzeug wird nur benötigt, wenn das Pferd aufgrund seiner schlechten Sattellage Probleme hat, selbst einen gutsitzenden Sattel an Ort und Stelle zu halten, was beispielsweise bei einer Reihe von Quarter Horses vorkommt. In bergigem Gelände kann ein Vorderzeug vorteilhaft sein, da der Sattel bei einem steilen Aufstieg nicht nach hinten rutschen kann.

Das Pad

Ein wichtiges Zubehörteil des Sattels ist das Pad, die Sattel- unterlage. Sie sollte weder zu dünn noch zu dick sein und vor allem groß genug, damit die Rigging nicht unterhalb liegt. Einem Pferd mit empfindlichem Rücken, das zu Rückenpro- blemen neigt, kann ein sogenanntes Shockpad mit einer speziellen Schaumstoffeinlage helfen. Auf keinen Fall genügt eine doppelt gefaltete Navajodecke!

Unterlage für einen Westernsattel

Kauf eines Westernsattels

Akzeptable Sättel für den Freizeitreiter sind ab etwa DM 2200,- auf dem Markt. Nach oben gibt es im Preis für Sättel keine Gren- zen. Da ein Westernsattel sehr langlebig ist, ist ein guter ge- brauchter Sattel besser als ein billiger neuer.

Wichtig ist, daß der Sattel dem Pferd anprobiert und probe- geritten wird, denn der Sattel muß sowohl Pferd als auch Reiter passen, wobei die Sitzgrößen in »inch« angegeben werden. Der Sattel wird dazu zunächst ohne Pad auf das Pferd gelegt.

Die Bars müssen parallel zur Schulter ganzflächig aufliegen. Mindestens ein bis zwei Finger Luft sollten zwischen Widerrist und Kammer bleiben. Ist der Sattel dem Pferd zu weit, rutscht er zu stark auf den Widerrist und die Schulter. Ein zu enger Sattel be- hindert das Pferd in der Schulter und kann letztendlich zu Sat- teldruck führen.

Unterschiedliche Varianten, um zu gurten

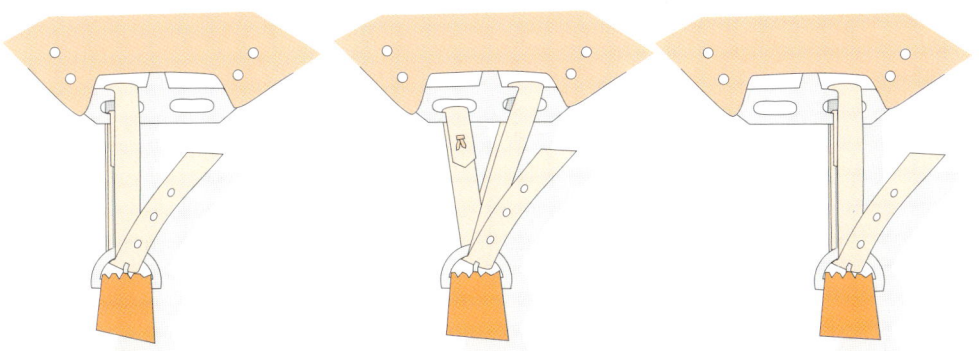

▶ Zaumzeug und Gebisse

Viele Leute glauben, daß Westernreiter ihre Pferde prinzipiell mit
Kandare zu reiten hätten. Das ist falsch, denn die jungen We-
sternpferde werden zunächst mit der Wassertrense, später, mit
etwa vier Jahren, möglicherweise im Bosal ausgebildet. Beide Zäumungen werden zweihändig geritten. Nach der Grundausbildung
mit Wassertrense oder Bosal erfolgt die Ausbildung auf Kandare
in der einhändigen Reitweise.

Ein Freizeitreiter sollte immer das Gebißstück benutzen, das
dem Pferd und ihm am meisten liegt. Ein Turnierreiter unterliegt
allerdings Vorschriften der Verbände, die bei bestimmten Show-
Klassen vom Alter des Pferdes oder des Reiters abhängig, eine
Kandare bei einhändiger Zügelführung vorschreiben.

Bei der Auswahl des Gebisses darf auf keinen Fall ein Trai-
ningsstadium übersprungen werden. Das Umsteigen auf ein
schärferes Gebiß bedeutet nicht die Beschleunigung der Ausbildung. Ein alter, aber treffender Spruch sagt: »Es gibt einen Schlüs-

**Zäumung im Bit (links)
und Snaffle Bit (rechts)**

sel zu jedem Pferdemaul, aber der ist nicht in der Sattelkammer zu finden. Der wirkliche Schlüssel liegt in der Hand des Reiters.«

Der Oberbegriff für alle Gebisse ist Bit. Die Snaffle, die Wassertrense, heißt im korrekten Wortlaut Snaffle Bit. Die gebrochene Kandare wird als »Snaffle Bit with Shanks« bezeichnet, während nur die Kandaren mit starren Mundstücken durchgängig als Bit bezeichnet werden.

Ein Gebiß soll im Idealfall 0,6 cm, also auf jeder Seite drei Millimeter, breiter sein als das Pferdemaul, gemessen an den beiden äußeren Maulwinkeln. Die Breite des Gebisses wird an der Innenseite der Gebisse gemessen.

Ein Gebiß muß, 2,5 cm vom Maulwinkel aus gemessen, mindestens 0,95 cm stark sein. Dünnere Gebisse oder gedrehte Gebisse sind im Turniersport verboten, was auch für den Freizeitreiter richtungsweisend sein sollte.

Die Kopfstücke, die beim Westernreiten benutzt werden, unterscheiden sich auffällig von denen, die man beim klassischen Reiten sieht. Das Kopfstück fürs Westernreiten hat sehr wenig Riemen, da ohne Sperrhalfter oder sonstige Reithalfter geritten werden soll. Zu den üblichen Kopfstücken gehören: Kopfstück

Zaumzeuge für Show und Freizeit (von links nach rechts): Showzäumung mit Snaffle Bit, Einohr-Showzäumung mit Kandare, Freizeitzäumung mit Snaffle Bit, Einohr-Freizeitzäumung mit Snaffle Bit with Shanks

**Noch immer der Traum
vieler Reiter: Cowboy-
Romantik in den USA**

mit Stirnband, Einohrkopfstück mit und ohne Sliding Ear, ein-
ohrig oder zweiohrig.

Die Zügel der Westernreiter sind normalerweise Split Reins,
d.h. sie sind geteilt, am Ende nicht geschlossen. Lediglich bei der
kalifornischen Reitweise sind die Zügel miteinander verbunden
und enden in einem Romal, einem peitschenähnlichen Leder-
stück. Diese Variante wird ausschließlich auf Kandare geritten.

Die Split Reins müssen eine dem Pferd angepaßte Länge
haben und verhindern bei richtiger Länge und Schwere das Her-
unterfallen auf die Erde, wenn dem Reiter am Anfang einmal ein
Zügel aus der Hand fallen sollte. Zügel gibt es in Leder- und
Baumwollausführung.

Für ein Bit, eine Kandare, nimmt man einen schmaleren Zügel als beim Reiten mit Wassertrense. Erfahrene Reiter bevorzugen einen schmalen, aber etwas dickeren Zügel, der ein wenig Gewicht mitbringt. Die Bezeichnung der einzelnen Gebisse richtet sich meist nach der Form der Trensenringe:

O-RING-SNAFFLE Dieses Gebiß hat eine ringförmige Aufhängung. Da das Gebißstück lose auf dem Ring aufhängt, kann das zu einer unruhigen Lage im Pferdemaul führen. Je nach Kopfhaltung des Pferdes verändert sich die Lage des Gebisses im Maul.

D-RING-SNAFFLE Hier hat das Gebiß eine direktere Verbindung zum Pferdemaul, was zu präziserem Reagieren des Pferdes führt. Außerdem wird durch die seitliche Begrenzung das Durchziehen des Gebisses verhindert.

Ein Snaffle Bit wird mit direkter Zügelführung geritten. Bits aller Art sollten ein T-Stück in der Verbindung aufweisen, das ein Einklemmen der zarten Haut an den Maulwinkeln verhindert.

Jedes Gebiß, das Anzüge (Shanks) in Form von Ringen oder Hebeln hat, wird als Kandare bezeichnet. Das Reiten mit einer Kandare fordert die sensible Hand des Reiters, zügelunabhängiges Reiten und das Wissen um die Schmerzen, die ein unsachgemäßer Gebrauch der Kandare dem Pferd zufügen kann. Ein Pferd, das auf Kandare geritten wird, reagiert auf Neckreining. Es wird dabei über den Kontakt des Zügels am Hals nach rechts oder links gelenkt, begleitet von Gewichts- und Schenkelhilfen.

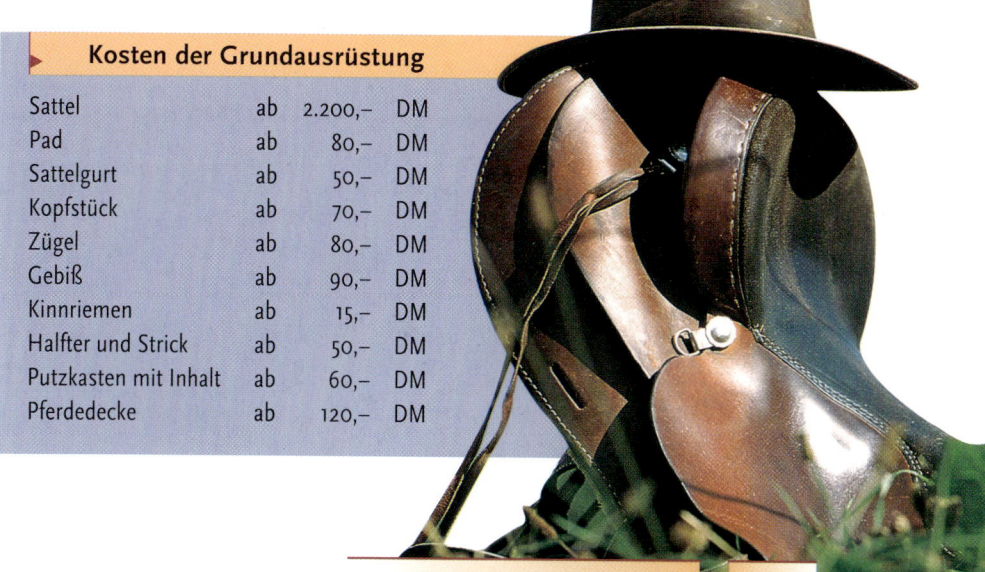

Kosten der Grundausrüstung			
Sattel	ab	2.200,–	DM
Pad	ab	80,–	DM
Sattelgurt	ab	50,–	DM
Kopfstück	ab	70,–	DM
Zügel	ab	80,–	DM
Gebiß	ab	90,–	DM
Kinnriemen	ab	15,–	DM
Halfter und Strick	ab	50,–	DM
Putzkasten mit Inhalt	ab	60,–	DM
Pferdedecke	ab	120,–	DM

▶ Dem Partner Pferd begegnen

Der Schlüssel zum harmonischen Umgang mit unserem vierbeinigen Partner liegt in unserer Kenntnis und in unserem Verstehen
seiner Natur.

Die meisten Unfälle mit Pferden – der Reitsport wird von
den Versicherungen mit zu den gefährlichsten Sportarten gezählt
– passieren deshalb, weil der Mensch Fehler im Umgang mit dem
Pferd macht. Einer der schlimmsten Fehler ist die Vermenschli-
chung des Pferdes. Ein Tier kann nun einmal nicht denken und
handeln wie ein Mensch.

Ein Pferd, das vom Menschen falsch behandelt wird, sei es
aus falsch verstandener Liebe oder aus Unwissenheit, kann sich
zu einen gefährlichen Tier entwickeln. Das durch menschliche
Unkenntnis bösartig gewordene Pferd wird für sein Fehlverhal-
ten auch noch gestraft und mit Härte behandelt.

Herdentier Pferd

Wer sein Pferd verstehen will, muß denken wie ein Pferd. Das
Pferd ist ein Herdentier, ein Fluchttier, das sich langsam und ständig weidend fortbewegt. Eine Herde besteht aus einer großen Fa-
milie mit Pferden aller Jahrgänge. Eine solche Herde wird von einer Leitstute geführt und von einem
Hengst bewacht und verteidigt.

Die Herde vermittelt dem Pferd
Sicherheit. In dieser Gemeinschaft
lernt es vom Fohlenalter an Gehorsam
und Unterordnung nach strengen Regeln, da in einer Herde eine feste
Rangordnung besteht.

**Das Fohlenalter ist
die wichtigste
Prägephase für das Pferd**

Die Herdengesetze sind einfach und ohne Kompromisse. Hat ein Pferd seinen Platz in der Herde gefunden, wird es diese Stellung verteidigen – auch mit Körpereinsatz – besonders, wenn es um Futteraufnahme oder Sexualverhalten geht.

Die ranghöheren Tiere werden als Alphatiere, die rangniedrigeren als Betatiere bezeichnet. Ein rangniedrigeres Tier wird niemals von sich aus Kontakt zu einem Alphatier aufnehmen oder gar erwarten, daß ihm ein Alphatier ausweicht. Hält sich ein Betatier einmal nicht an die Spielregeln wird das Alphatier durch Mimik und Gestik das Betatier warnen. Bei Mißachtung der Warnung folgt allerdings Beißen oder auch Schlagen.

Während der Mensch möglicherweise Schwierigkeiten mit der rangniederen Position hat, fühlt sich ein Pferd in einer solchen Position durchaus nicht unzufrieden, da die Herde für jedes Tier ein sicherer Ort ist. In der Beziehung zwischen Pferd und Mensch müssen diese Spielregeln strikt beachtet werden. Der Mensch nimmt die Stellung des Alphatiers ein und muß diese Stellung stets behaupten. Er darf dem Pferd niemals auch nur den geringsten Anlaß geben, daran zu zweifeln.

klare Sicht

blind

blind

verschwommene Sicht

klare Sicht

blind

seitliche Sicht mit einem Auge

Sicht nach hinten

Mit erhobenem Kopf sieht das Pferd in die Weite, mit tiefem Kopf in die Nähe

Pferde können auch in Halbwüsten überleben

Fluchttier Pferd

Der in unserer verkehrsreichen Zeit sicherlich für den Reiter gefährlichste Instinkt des Pferdes ist der Fluchtreflex. Ein einmal in Panik geratenes Pferd reagiert nicht mehr auf Signale, die der Reiter ihm gibt.

Der friedliebende Pflanzenfresser Pferd konnte bis in die heutige Zeit nur überleben, weil er ständig in Fluchtbereitschaft war. Da dies ein natürliches Verhalten ist, liegt es am Menschen, als Leittier das Pferd an vermeintliche Gefahren bewußt heranzuführen und ihm zu zeigen, daß keine Gefahr vorhanden ist.

Sieht sich ein Pferd einem Feind gegenüber, dem es nicht mehr entfliehen kann, wird es seine gefährlichen Waffen, die Hinterhufe, einsetzen. Ein angebundenes Pferd, das plötzlich von hinten überrascht wird, etwa durch einen unwissenden Menschen, wird nach diesem treten, da es ihn weder klar erkennen kann, noch sich der Gefahr durch Flucht entziehen kann.

Bei gegenseitigem Vertrauen bilden Mensch und Pferd ein ideales Team

Die Sinne des Pferdes

DAS SEHEN Durch die ungleich konkav gewölbte Netzhaut des Pferdes hat es ein beträchtlich anderes Sehvermögen als der Mensch und viele andere Lebewesen. Es ist gezwungen, den Kopf zum Scharfsehen zu heben oder zu senken, je nachdem in welcher Entfernung es etwas sehen möchte.

Am weitesten sieht ein Pferd, wenn es mit erhobenem Kopf stillsteht und geradeaus sieht. Will es etwas in seiner Nähe sehen, senkt es den Kopf.

Ihre Lieblingskopfhaltung nehmen Pferde dann ein, wenn sie frei und ohne einschränkenden Zügel gehen. D.h. ein Pferd, das am langen Zügel geritten wird, neigt weniger zu Schreckreaktionen, als ein am kurzen Zügel gerittenes Pferd, dessen scharfes Sehvermögen dadurch eingeschränkt

wird. Durch einen lang gelassenen Zügel kann das Pferd selbst bestimmen, was es scharf sehen möchte. Vom Sitz der Augen des
Pferdes hängt auch ab, wie weit es hinter sich sehen kann.

DAS HÖREN Pferde haben nicht nur ein scharfes Gehör,
das weit über unserem akustischen Wahrnehmungsvermögen
liegt, sondern auch einen beweglichen Hals und konkave Ohren,
die sich fast rundherum drehen lassen, jedes einzeln in eine andere Richtung. So nehmen sie nicht nur einen Ton auf, sondern
wissen auch genau, woher dieser kommt.

Pferde können sehr hohe Frequenzen wahrnehmen und reagieren entsprechend heftig, wenn man sie anschreit, denn es tut
ihnen in den Ohren weh. Spricht man mit einem Pferd, benutzt
man lange, weiche, gedehnte Worte. Zum Antreiben kann man
kurze, helle Töne benutzen, die laut gesprochen auch strafend wirken. Gut ausgeprägt ist auch das rhythmische Hören der Pferde.
Ein Pferd kann einen vertrauten Menschen durchaus am Schritt
erkennen.

DAS RIECHEN Der Geruchssinn eines Pferdes ist ebenfalls
gut entwickelt. Futter und Wasser werden immer zuerst berochen.
Ein fremder oder schlechter Geruch kann das Pferd vom Fressen
oder Saufen abhalten.

Pflanzengifte können Pferde nicht riechen, hier muß der
Mensch dafür sorgen, daß ein Pferd nichts Giftiges frißt.

DAS TASTEN Die Haut des Pferdes ist ein Sinnesorgan mit verschieden empfindlichen Reaktionen. Der gesamte Maulbereich ist besonders sensibel. Um das Maul herum und unter dem Kinn befinden sich lange Tasthaare, die die Lippe schützen und beim Fühlen und Tasten unterstützen. Daher ist es sehr begrüßenswert, daß das Abrasieren dieser Tasthaare, das sogenannte Clipping, in Deutschland inzwischen verboten ist.

Längst nicht alle Reize, auf die Pferde reagieren, werden mit dem Seh- oder Hörsinn aufgenommen. Pferde haben außerdem die Fähigkeit, über die Hufe Vibrationen des Erdbodens wahrzunehmen und so eine Annäherung festzustellen.

DIE MIMIK Wer Pferde genauer beobachtet, wird feststellen, daß sie sich untereinander mit Zeichen verständigen können. Sie benutzen wie wir Menschen hierfür Mimik und Gestik, doch am meisten drücken sie über Hals und Kopf aus.

Pferde wechseln bei der Kommunikation im Gegensatz zum Menschen den Ausdruck ihrer Augen nur wenig, dafür spielen jedoch die Ohren in der Zeichensprache eine große Rolle. Sie drücken aus, in welcher Stimmung sich ein Pferd befindet. Ein Pferd scheut normalerweise nicht, bevor es nicht mindestens ein Ohr in die Richtung des angsteinflößenden Objektes gerichtet hat. Ein Pferd tut nichts, ohne es vorher anzuzeigen. Ein Pferd mit erhobenem Kopf und geblähten Nüstern will möglichst viel Luft einziehen, um seine Umgebung zu identifizieren. Schnaubt es dabei noch und stellt den Schweif steil auf, befindet es sich in höchstem Erregungszustand und ist zur Flucht bereit.

DIE STIMME Pferde können sich auch mit verschiedenen Lauten miteinander verständigen. Den größten Stimmbereich hat der Hengst. Seine Lautäußerungen erstrecken sich vom kaum

hörbaren Laut bis zum markerschütternden Hengstschrei. Seine Laute umfassen Bereiche und Stimmungen wie Sexualität, Gefahr und Fressen.

Die Stute verfügt über eine größere Palette im Lautbereich. Neben Sexualität, Gefahr und Futter verfügt sie noch über Laute, mit denen sie sich mit ihrem Fohlen verständigt. Das Fohlen hat in seinem hellen Stimmbereich die Möglichkeit, Botschaften der Angst oder des Hungers von sich zu geben. Ein Wallach (kastrierter Hengst) liegt in seinen Äußerungen zwischen den Lauten von Hengst und Stute.

Ausreichend Bewegung ist für alle Pferde wichtig

Pferde haben ebenso wie wir stimmliche Variationsmöglichkeiten für ein und dieselbe Sache. So kann das am Anfang erfreute Blubbern eines Pferdes, das sich auf sein Futter freut, durch Änderung der Tonlage zu einem fordernden Blubbern nach Futter werden. Wir Menschen tun das gleiche, wenn wir verbale Befehle an das Pferd geben und dabei den Ton wechseln. Ein sanftes Whoa kann zu einem lauten, scharfen Whoa werden, wenn sich das Pferd dem Befehl widersetzt.

Die Fähigkeit der Pferde, Nervosität, Angst oder auch Aggressivität eines Reiters zu spüren, erschwert manchen Menschen den Umgang mit dem Pferd und das Erlernen des Reitens sehr.

Die wichtigsten Qualitäten, über die ein Mensch im Umgang mit Pferden verfügen bzw. die er erlernen sollte, sind: selbstsicheres Auftreten, Reaktionsschnelligkeit, Konsequenz, Gelassenheit und Sensibilität.

In der Herde fühlt sich das Pferd geborgen

Pferde genießen die sanfte Massage mit der Bürste

Pflege des Pferdes

Warum müssen Pferde überhaupt gepflegt werden? In der freien Natur putzt niemand die Pferde. Soweit richtig. In der freien Natur bewegen Pferde sich jedoch vorwärts, ohne ins Schwitzen zu geraten, denn sie legen lange Strecken nur im Schritt zurück. Sie betreiben soziale Fellpflege und zupfen sich so die überflüssigen Fellbüschel aus. Sie scheuern sich an Bäumen, Sträuchern, nehmen Sandbäder oder wälzen sich im Schlamm, um sich vor der Insektenplage zu schützen. Der Regen wäscht ihnen das Fell wieder sauber, und der Wind bläst ihnen den Staub aus dem Fell.

Die Art der Pflege richtet sich hauptsächlich nach der Haltungsform und der Art der abverlangten Leistung. Reine Stallpferde bedürfen der intensiven Pflege durch den Menschen, denn sie müssen oft in ihrem eigenen Mist im schmutzigen oder staubigen Stroh liegen. Die Ställe sind häufig warm, so daß sie schwitzen. Staub, Hautschuppen und Schweiß verstopfen die Poren. Hier ist eine tägliche intensive Pflege erforderlich.

Anders ist das bei Pferden in artgerechter Haltung. Sie werden geputzt, wenn sie geritten werden oder das Fell verkrustet ist und sich bei Kälte nicht aufstellen kann. Würde man diese natürlich gehaltenen Pferde täglich putzen, entzöge man ihrem Fell die wichtige Schutzschicht.

Für das Putzen sollte man sich Zeit nehmen und auch mit dem Pferd sprechen. Während des Putzens liegt die freie Hand auf dem Pferd, um Nähe herzustellen und um auf ein Verspannen der Muskeln sofort reagieren zu können.

Da Pferde einem beim Putzen unbeabsichtigt auf die Füße treten können, sind Stiefel oder feste Schuhe empfehlenswert.

Während man für ständig im geschlossenen Stall gehaltene Pferde meist das ganze Sortiment eines Putzkastens benötigt, genügt bei im Offenstall oder in Boxen mit Auslauf gehaltenen Pferden oft, dem Pferd mit einer Wurzelbürste das gesamte Fell nur auszubürsten, damit Schmutzkrusten keine Druckstellen in Gurt- oder Sattellage verursachen können. Für das Gesicht kann man eine weiche Bürste oder einen speziellen Gummihandschuh benutzen.

Während des Fellwechsels verwendet man ein Spezialgerät mit Zinken, mit denen man die abgestorbenen Haare aus dem Fellkleid ziehen kann. Die ausgezogenen Haare sollten gesammelt werden, so daß sie nicht umherfliegen, wo sie von den Pferden gefressen werden können. Haare sind unverdaulich und würden zu Koliken führen, die oft tödlich enden. Vögel lieben diese Haare natürlich zum Auspolstern ihrer Nester.

Vor jedem Ritt und nach jedem Ritt, insbesondere bei Ausritten, werden die Hufe gesäubert und nach Fremdkörpern abgesucht, da ein eingetretener Stein zu Hufentzündungen führen kann. Je nach Beschaffenheit des Hufes und des Bodens können Spezialbehandlungen nötig sein.

Kommen wir mit einem Pferd vom Ritt zurück, und sein Fell ist schweißverklebt, so sollten wir ihm eine kühle Dusche gönnen. Dies ist natürlich nur bei entsprechend warmen Temperaturen möglich. Beim Waschen des Gesichts muß man vorsichtig sein, am besten benutzt man einen Schwamm, denn niemals darf ein Tropfen Wasser in die Ohren des Pferdes gelangen. Als Sitz des Gehörs und des Gleichgewichtssinns sind die Ohren des Pferdes äußerst empfindlich.

Der Blick nach draußen ist wichtig

Das Waschen des Fells, der Mähne und des Schweifs mit Shampoo dient ausschließlich der Schönheitspflege und sollte nicht zu oft erfolgen. Bei bestimmten Hauterkrankungen oder Ausschlägen ist das Waschen mit einem Spezialmittel zur Gesundheitspflege natürlich häufiger notwendig.

Ein kurzer Ruck auf
die Nase ermahnt das
Pferd, sich dem Schritt
des Menschen anzupassen

Führen eines Pferdes

Ein Pferd korrekt zu führen, gehört mit zu den wichtigsten Dingen im Umgang mit dem Pferd. Pferde lassen sich nicht von Natur aus gut führen oder bleiben angebunden stehen. Man muß ihnen diese Dinge beibringen.

Ein idealer Führstrick ist ein dicker Baumwollstrick mit ca. 2,50 m Länge und einem Lead-Snap oder Bull-Snap am Ende. Zum einen erlaubt die Länge des Stricks, sich bei Problemen aus dem Bereich der Vorderhand zu bringen, ohne das Pferd loslassen zu müssen. Zum anderen lassen sich diese dicken Stricke besser festhalten als die dünnen und verursachen weniger Brandverletzungen als Kunststoffstricke.

Der Führer faßt den Führstrick etwa einen halben Meter unterhalb des Pferdemaules mit der rechten Hand. Das Pferd wird am losen Strick geführt, die linke Hand hält das Ende des groß aufgerollten Stricks.

Ein gut ausgebildetes Westernpferd wird dem Führer so folgen, daß er sich seitwärts versetzt vor der linken Schulter des Pferdes befindet. Dadurch kann der Führende den Pferdekopf im Auge behalten und so Reaktionen des Pferdes vorhersehen.

Sollte ein Pferd widerborstig sein, besteht die einzige Chance, es festzuhalten, darin, einen scharfen Ruck auf den durchhängenden Führstrick zu geben, der so über das Halfter einen kurzen Ruck auf die Nase des Pferdes ausübt.

Soll das Pferd antreten, wird kurz am Strick gezupft, ein Stimmkommando gegeben und gleichzeitig losgegangen. Dabei blickt man das Pferd nicht an, sondern schaut in die Richtung, in die man gehen will.

Zum Anhalten sagt man »Whoa« und bleibt gleichzeitig stehen. Man kann sich aber auch dem Pferd zuwenden, so daß die Fußspitzen in Richtung Pferd zeigen, um so zusätzlich durch Körpersprache zum Ausdruck zu bringen, daß angehalten werden soll. Viele Pferde sind darauf trainiert, bereits auf die ersten beiden Kommandos hin anzuhalten.

Will der Führer mit dem Pferd dorthin gehen wo er hergekommen ist, wendet er das Pferd von sich weg nach rechts. Die Schultern des Menschen bilden dabei eine Parallele zum Pferdehals. Das Pferd weicht dem Alphatier mit der Vorhand aus, so daß es im Idealfall eine Hinterhandwendung ausführt.

Führt man ein Pferd am Zügel, nimmt man entweder beide Zügel oder nur einen in die Hand und bindet den anderen am Sattelhorn fest, damit er nicht herunterrutschen kann.

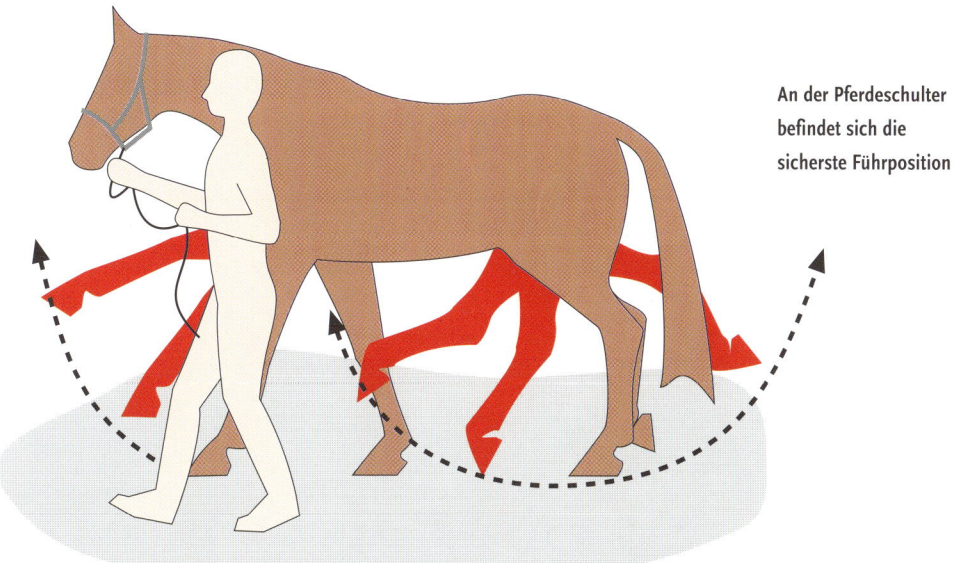

An der Pferdeschulter befindet sich die sicherste Führposition

▶ Richtig satteln und trensen

Zum Putzen und anschließenden Aufsatteln wird das Pferd mit Halfter und Strick angebunden. Die optimale Anbindehöhe ist in Augenhöhe des Pferdes oder höher. Grundsätzlich darf ein Pferd nicht zu lang angebunden sein, da es sonst in den Strick treten kann. Der Abstand zwischen Knoten und Halfter sollte zwischen 45 und 60 cm liegen. Das gut erzogene Westernpferd bleibt, falls erforderlich, stundenlang angebunden stehen, ohne Unruhe zu zeigen. Hat der Anbindestrick keinen Panikhaken, sollte in jedem Fall ein Sicherheitsknoten gemacht werden, damit das Pferd im Notfall mit einem Handgriff befreit werden kann.

  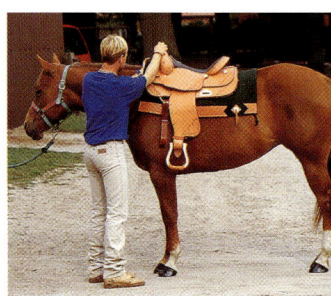

Das Pad wird aufgelegt   Mit dosiertem Schwung...   ... legt man den Sattel aufs Pferd ...

Das Satteln

Als erstes wird das Pad aufgelegt. Man versichert sich, daß sich kein Stroh oder andere Fremdkörper an der Unterseite des Pads befinden. Das Pad wird so weit vorne auf den Pferderücken gelegt, daß es noch ein paar Zentimeter zurückgeschoben werden kann. Liegt das Pad richtig, also rechts und links gleichmäßig, wird der Sattel aufgelegt. Der Sattel sollte nicht mit Wucht auf den Pferderücken geworfen werden. Der rücksichtvolle Reiter bemüht sich, den Sattel mit richtig dosiertem Schwung vorsichtig von oben auf das Pferd gleiten zu lassen. Angesichts des Gewichts eines Westernsattels, ist das manchmal gar nicht so einfach und erfordert einige Übung. Das Gefühl für das Sattelgewicht wird sich schnell einstellen. Den rechten Bügel kann man vor dem Auflegen des Sattels über das Horn legen, damit er nicht herunterhängt, das Auflegen des Sattels behindert und gegen das Pferd schlägt. Ob der Sattel mit beiden Händen hochgestemmt wird oder hinaufgeschwungen wird, hängt von den jeweiligen Kräften und der Körpergröße des Sattelnden ab. Bei allem sollte das Bemühen im Vordergrund stehen, den Sattel so sanft wie möglich auf das Pferd zu bringen.

Der Sattel wird so auf das Pad aufgelegt, daß vorne und hinten gleichviel Platz bleibt. Pad und Sattel werden zusammen nach hinten in die richtige Position gerückt, die bei einem Pferd mit guter Sattellage leicht zu finden ist. Sie dürfen niemals von hinten nach vorne geschoben werden, weil dies gegen den Strich des Pferdehaares geht und dem Pferd sehr unangenehm ist. Als nächstes werden zwei Finger unter das Pad direkt am Widerrist ge-

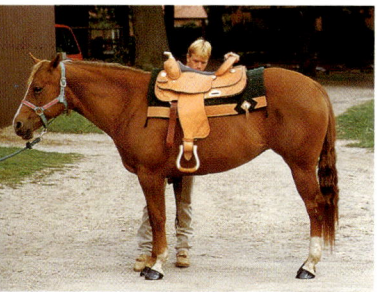

... überprüft auch die andere Seite...

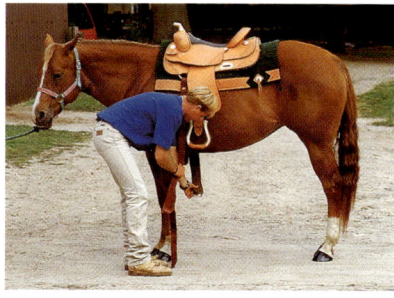

... und zieht den Gurt herüber

Ein gut erzogenes Pferd steht beim Satteln still

steckt, um das Pad dort ein wenig zu heben.

Man geht um das Pferd herum, um den Gurt zu lösen und um nochmals auf der anderen Seite nachzusehen, ob alles korrekt sitzt, vor allem ob das Pad gleichmäßig auf beiden Seiten unter dem Sattel hervorschaut. Zurück auf der linken Seite des Pferdes, wird der Gurt unter dem Pferdbauch gegriffen, herübergeholt und der Latigo durch den D-Ring des Bauchgurts gezogen. Der Latigo wird oben

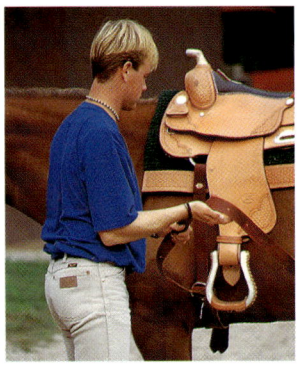

Der Gurt wird das erste Mal durch beide Ringe gezogen...

... dann noch einmal...

... jetzt kann der Dorn des Gurtes in ein Gurtungsloch gesteckt werden

durch den Ring der Rigging gezogen und wieder nach unten geführt, um nochmals durch den Ring des Bauchgurts gezogen zu werden. Das Ganze noch einmal, erst jetzt wird der Gurt leicht angezogen. Der Dorn des Bauchgurtes wird in das dort befindliche Gurtungsloch gesteckt.

Gegurtet wird beim Westernsattel mit äußerster Vorsicht, denn die Gurtung arbeitet nach Flaschenzugprinzip. Zu festes Gurten kann zum Gurtzwang führen und ist dem Pferd äußerst unangenehm. Vor dem Aufsteigen wird nochmals nachgegurtet. Das lang herunterhängende Ende des Latigos findet seinen Platz oben am Sattel im dafür vorgesehenen Schlitz.

Wird das Pferd mit Vorderzeug geritten, muß dieses als letztes angelegt werden. Es wird rechts und links in dem am Sattel dafür vorgesehenen Ring gleichmäßig eingeschnallt. Der untere Riemen führt zum Bauchgurt und wird dort in den Ring eingehakt. Das Vorderzeug darf im Brustbereich nicht so hoch sitzen, daß es die Atmung des Pferdes behindert oder zu Scheuerstellen führt. Beim Absatteln ist darauf zu achten, daß als erstes das Vorderzeug gelöst wird.

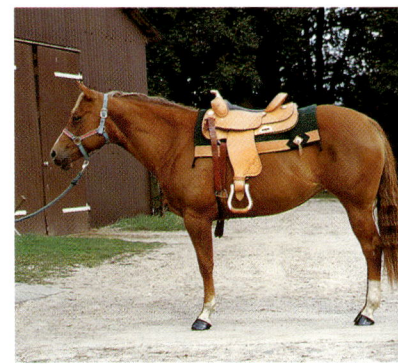

Das Pferd ist nun fertig gesattelt

Das Trensen

Zum Trensen nähert man sich dem Pferd wieder von seitlich vorn. Die Zügel werden unter dem Hals durchgereicht und von oben über den Pferdehals auf die linke Seite geschlagen. Falls das Pferd angebunden ist, wird das Halfter gelöst.

Der Zügel wird von außen übergeschlagen...

In die gleiche Richtung wie das Pferd schauend, greift man mit der rechten Hand unter dem Hals durch, nimmt die beiden Backenriemen des Kopfstücks in die Hand und zieht sie so weit hoch, daß sich das Gebißstück unmittelbar vor dem Pferdemaul befindet.

Mit der linken Hand schiebt man dem Pferd vorsichtig das Gebißstück ins Maul. Will es das Maul nicht sofort öffnen, schiebt man seinen linken Daumen zwischen die Laden. Die meisten Pferde öffnen daraufhin ihr Maul und lassen sich problemlos auftrensen. Nun wird das Genickstück mit beiden Händen über die Ohren geschoben. Die Ohren, sei es beim Stirnbandkopfstück oder beim Einohrzaum, werden nicht einfach unter den Riemen hindurchgezwängt, sondern der Rie-

... das Gebiß dem Pferd ins Maul geschoben...

men wird vorsichtig über das runtergeklappte Ohr gestreift. Ein vorhandener Kehlriemen wird so geschlossen, daß drei bis vier Finger zwischen Riemen und Kehle Raum finden. Der linke Zügel muß jetzt noch auf die linke Seite geholt werden.

das Kopfstück hinter dem Ohr plaziert ...

... und der Kehlriemen geschlossen

Aufsitzen für den Könner: Zügel in die linke Hand, die rechte Hand greift das Sattelhorn

Mit dem rechten Bein abfedern...

...und über die Pferdekruppe schwingen

Das Aufsitzen

Bevor man ein Pferd besteigt, sollte die richtige Bügellänge eingestellt werden, da, wie bereits erwähnt, die Bügel beim Westernsattel nicht von oben verstellt werden können. Das gut ausgebildete Westernpferd bleibt beim Aufsteigen am durchhängenden Zügel stehen.

Dem Pferd zugewandt wird der linke Fuß mit der Fußspitze in Richtung Pferdekopf in den Bügel gesetzt. Aus dieser Position heraus ist der Reiter in der Lage, eventuelle Reaktionen des Pferdes erkennen zu können. Die bereits nach vorne zeigende Fußspitze kann sich nicht beim Aufsteigen in die Seite des Pferdes bohren und es so veranlassen loszugehen. Der Reiter faßt mit der linken Hand die Zügel und mit der rechten Hand das Horn, um sich, falls sich das Pferd bewegt, blitzschnell in den Sattel ziehen zu können. Die meisten Reiter bevorzugen allerdings eine bequemere Variante, bei der beim Aufsitzen mit der linken Hand das Horn und die Zügel und mit der rechten Hand das Cantle umfaßt wird, um sich besser hochziehen zu können.

Es ist sinnvoll, nach dem Aufsitzen das Pferd noch kurz stehen zu lassen. Einmal, damit das Pferd sich nicht angewöhnt, direkt nach dem Aufsitzen von alleine loszugehen, sondern erst auf die Hilfe zu warten. Zum anderen, damit man sich selbst auf das Pferd konzentrieren und seinen Sitz noch einmal vor dem Anreiten überprüfen kann.

Pferd und Reiter sind nun beide bereit

Das Absitzen

Als korrektes Absitzen wird das Aufsitzen in umgekehrter Reihenfolge wie bei der ersten Variante bezeichnet. Doch diese Methode, beim Absitzen den linken Fuß im Bügel zu lassen, birgt eine hohe Unfallgefahr. Sie stammt aus der Arbeit der Cowboys, die jahrein-jahraus den ganzen Tag damit verbringen, auf- und abzusteigen und meist Pferde unter 1,50 m reiten. Ein großer, gut gymnastizierter Reiter mit einem kleinen Pferd wird wenig Probleme mit dieser Variante haben. Ein kleinerer Reiter mit einem großen Pferd wird erhebliche Schwierigkeiten haben, steht er doch fast im Spagat neben seinem Pferd.

Sollte das Pferd dann beim Absteigen nicht still stehen, während der Reiter noch den Fuß im Bügel hat, könnten sich Fuß und Bügel verkannten und der Reiter dabei stürzen.

Sinnvoller ist daher eine andere Version. Sitzt man zur linken Seite hin ab, schwingt man das rechte Bein über die Pferdekruppe und bringt beide Beine auf der linken Pferdeseite zusammen. Man beugt sich mit dem Oberkörper etwas über den Sattel, nimmt den linken Fuß aus dem Bügel und läßt sich mit geschlossenen Beinen langsam vom Pferd gleiten. Auch kann man beide Füße gleichzeitig aus den Bügeln nehmen und abflanken. Beim Absitzen bleiben die Zügel aus Sicherheitsgründen in der linken Hand.

Sicheres Absitzen: Beide Füße sind aus den Steigbügeln genommen

Das rechte Bein schwingt zum linken...

... so daß beide Beine parallel zum Pferd zeigen

Danach läßt man sich kontrolliert nach unten gleiten

► **Pete Kyle**

Der Reiter muß lernen, in jeder Gangart ausbalanciert in der Mitte des Pferdes zu sitzen und seine Beine und Hände zu kontrollieren, um das Pferd nicht im Bewegungsablauf zu stören und die Hilfen korrekt geben zu können. Auf keinen Fall sollte er versuchen, große Trainer zu imitieren, solange er diese Fertigkeiten nicht beherrscht.

► Sitz und Zügelführung

Ohne einen korrekten Sitz ist kein korrektes Reiten möglich, und dieser Sitz wurde keineswegs willkürlich festgelegt. Perfektes Reiten bedeutet völligen Einklang des Reiters mit den Bewegungsabläufen des Pferdes.

Jeder Reiter sollte sich bemühen, dem Idealzustand möglichst nahe zu kommen, auch wenn die jeweilige Anatomie dem unterschiedliche Grenzen setzt.

Um eine richtige Hilfengebung zu gewährleisten, muß der Reiter möglichst ausbalanciert sitzen. Ein Reiter mit einer guten Körperposition sieht elegant und entspannt aus, wenn das Pferd sich bewegt.

Der Reiter sollte »mitten im Pferd« und nicht auf dem Pferd sitzen, nur dann stimmt der Sitz mit dem Schwerpunkt des Pferdes überein, und man kann das Pferd optimal kontrollieren. Der Sitz soll ruhig sein. Dazu muß der Reiter mit dem Pferd im Gleichgewicht sein. Der Reiter sollte ruhige Hände haben, auch das kann er nur, wenn er in der ist. Und auch das ruhige Herabhängenlassen der Beine ist erst bei vollkommenem Gleichgewicht möglich. Mit ruhigen Beinen kann man dann fein dosierte Schenkelhilfen geben. Dazu muß der Sitz des Reiters symmetrisch sein, unsymmetrisches Sitzen stört das Gleichgewicht des Pferdes, und es läuft nach rechts oder nach links.

Die Beine

Die korrekte Haltung des Reiters wird nicht unwesentlich von der richtigen Bügellänge beeinflußt. Zu lange Bügel verursachen einen hochgezogenen Absatz, da der Reiter ständig versucht ist, mit der Fußspitze nach dem Bügel zu angeln. Außerdem provozieren zu lange Bügel durchgestreckte Beine. Zu kurze Bügel führen leicht zum Stuhlsitz oder bringen den Reiter bei zu weit nach hinten gestreckten Unterschenkeln in den Spaltsitz.

Bei korrekt eingestellten Bügeln sollte der Winkel des Oberschenkels, der von Hüfte bis zum Knie gebildet wird, und der des Unterschenkels, also zwischen Knie und Ferse, fast der gleiche sein.

Bei Idealhaltung des Reiters sollten von der Seite betrachtet Ohr, Schulter, Oberarm, Hüfte und Absatz auf einer vertikalen Linie liegen. Dabei natürlich und locker sitzend, nie verspannt.

Beginnen wir mit der Beinhaltung. Der Reiter biegt seinen Fuß so, daß der Absatz den tiefsten Punkt des Körpers bildet und das Fußgelenk die Funktion eines Stoßdämpfers übernimmt. Um eine gute, ausbalancierte Sitzposition zu bekommen, sollte der Ballen auf der Trittfläche des Bügels liegen, so daß der Mittelfuß belastet wird. Die Füße liegen im Idealfall parallel zum Pferd, bzw. die Fußspitzen zeigen nur minimal nach außen. Die Wade soll leichten Kontakt zum Sattel haben und vom Knie herab so fallen, daß die Bügel vertikal hängen. Der Reiter soll biegsam in den Knien sein, um Stöße besser abfangen zu können. Wird die Innenseite des Oberschenkels flach am Sattel gehalten, vervollständigt dieses die korrekte Beinhaltung.

Das Knie ist leicht angewinkelt. Durchgedrückte Knie mit starren Beinen können nicht sensibel einwirken, es ist dann kaum möglich, eine Wirkung mit den Beinen herbeizuführen. Auch wenn beim Westernreiten mit längeren Bügeln geritten wird als beim klassischen Reiten, sollten sie jedoch nicht so lang sein, daß man die Knie durchdrücken kann. Ein tiefer Absatz bedeutet eine stramme Wade, ein hochgezogener Absatz eine schlaffe Wade, die für Schenkelhilfen weniger geeignet ist. Mit hochgezogenen Absätzen kann fast die gesamte beim Reiten benötigte Muskulatur nicht mehr wirkungsvoll eingesetzt werden.

Der Rumpf

Um die Balance auf dem Pferd zu halten, muß der Reiter locker im Hüftgelenk sein und es beweglich halten. Das ermöglicht dem oberen Teil des Körpers, sich Tempo oder Richtungswechsel anzupassen.

Es ist wichtig, einen sogenannten Drei-Punkt-Kontakt zwischen Körper und Sattel zu halten. Beim Geradeausreiten sind dann gleichmäßig beide Gesäßknochen und der Schritt in Kontakt mit dem Sattel.

Da jede ungewohnte Tätigkeit Schmerzen verursacht, kann das richtige Sitzen auf dem Pferd dem Reiter am Anfang auch erhebliche Schmerzen nach dem Reiten an den Gesäßknochen verursachen.

Der Reiter sollte mit geradem Rücken und flachem Bauch aufrecht im Sattel sitzen. Beide Schultern sind

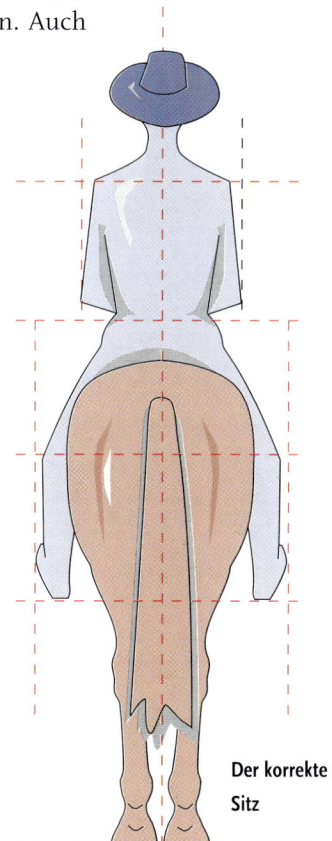

Der korrekte Sitz

Der Stuhlsitz

Der Klappmessersitz

Der Spaltsitz

in gleicher Höhe leicht zurückgenommen und stehen im rechten Winkel zum Pferd. Der Reiter trägt den Kopf erhoben und sieht in die Richtung, in die er reiten will. Der Kopf wird weder nach vorne noch nach hinten weggestreckt oder gar seitlich abgeknickt. Geht eine Schulter des Reiters nach vorne oder hinten, folgt meist sofort die Hüfte, was zu ungleichmäßiger Belastung des Pferdes und dadurch zum Richtungswechsel führen kann, da die Balance des Pferdes gestört wurde.

Wenn der Oberkörper des Reiters zu weit nach vorne überfällt, wird das Pferd schneller. Im schlimmsten Fall klammert der Reiter mit den Beinen, um die Balance auf dem Pferd zu halten, was zur weiteren Beschleunigung des Pferdes führt.

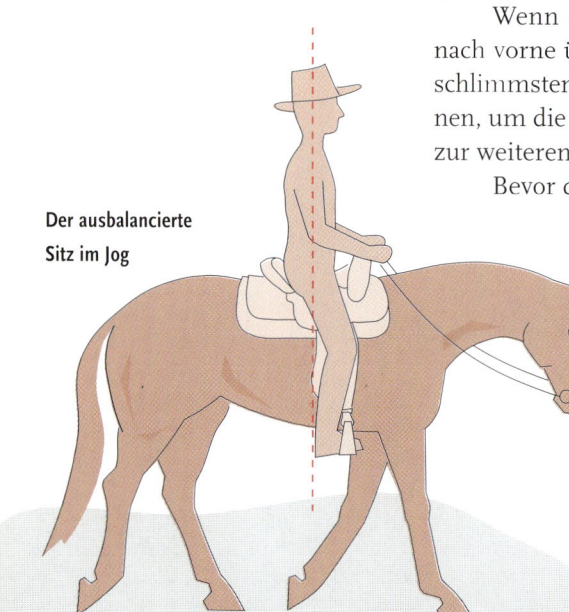

Der ausbalancierte Sitz im Jog

Bevor die Situation außer Kontrolle gerät, ist es besser, das Pferd anzuhalten, sich wieder korrekt in den Sattel zu setzen und dann weiterzureiten. Ein runder Rücken oder ein Hohlkreuz können nicht angespannt werden, um notwendige Hilfen zu geben.

Knickt der Reiter in einer Hüfte ein, ist die beidseitig gleichmäßige oder bei Richtungsänderung einseitige Hilfengebung über die Gesäßknochen nicht mehr möglich.

Arme und Hände

Bei zweihändiger Zügelführung fallen die Arme beidseitig locker aus dem Schultergelenk herunter, so daß die Ellenbogen dicht am Oberkörper liegen, ohne angepreßt zu werden. Abgespreizte Ellenbogen haben meistens unruhige Hände zur Folge, ganz abgesehen davon, daß ein Reiter damit aussieht wie ein Vogel bei seinen ersten Flugversuchen.

Handgelenks- und Fingerbewegung sowie Hand- und Fingerhaltung sind für eine Kommunikation zwischen Reiter und Pferd über die Zügel sehr wichtig. Die Handgelenke des Reiters sollten gerade, aber entspannt sein. Um das Pferdemaul zu spüren, müssen die Finger entspannt und sensibel sein. Ein Reiter überträgt sein mangelndes Selbstbewußtsein oder seine Nervosität über die Hände auf das Pferd.

Unruhige Hände stören das Pferd ständig im Maul und somit in der gleichmäßigen Bewegung. Geraten die Hände hinter das Horn, kann sich die Zügelbrücke (s.S.52) dort verhaken, so daß der Reiter nicht mehr in der Lage ist, über das Maul auf sein Pferd einzuwirken. Auch verschieden lange Zügel führen natürlich zu unkorrekten Zügelhilfen.

Aber manche Turnierreiter sitzen doch anders! Wir sprechen hier von dem Sitz, der in der Western Horsemanship verlangt wird und der zeigt, wie jeder Reiter zu Pferd sitzen sollte.

In den jeweiligen Spezialdisziplinen wie Reining, Cutting oder Working Cowhorse nehmen Turnierreiter durchaus der Disziplin entsprechend einen anderen Sitz ein. Wie schon bei der Sattelkunde zu erfahren war, sind die Sättel für diese Disziplinen etwas anders gearbeitet. So schiebt beispielsweise der Reining-Sattel, meist durch seine Fenderaufhängung die Beine weiter nach vorne und den Schwerpunkt des Reites weiter nach hinten. Der Reining-Reiter tritt häufig für einen besseren Halt mit seinem halben Fuß in den Bügel, der oft auch viel schmaler ist als der anderer Sättel.

Der korrekte Sitz

Einhändige Zügel-
führung auf Kandare

Die Zügelführung

Der geteilte Zügel des Westernreiters besitzt Ideallänge, wenn er
bei leicht anstehendem Zügel bei zweihändiger Zügelführung
rechts und links bis zum Karpalgelenk herunterhängt. Ein kür-
zerer, dazu vielleicht noch leichter Zügel ist gefährlich, da er leicht
vom Pferdehals herunterrutscht. Es kann dann leicht passieren,
daß die Zügel auf die Erde gleiten und der Reiter plötzlich zügel-
los auf dem Pferd sitzt, wenn er sich z.B. eine Jacke anziehen will.
Glück für ihn, wenn er ein gut erzogenes Pferd hat, das in dieser
Situation stehenbleibt.

Nach dem Aufsteigen liegen die Zügel auf dem Pferdehals,
die Zügelenden fallen jeweils auf der gegenüberliegenden Seite
am Hals herunter. Der Reiter nimmt in jede Hand einen Zügel,
den rechten Zügel in die rechte Hand, den linken Zügel in die
linke Hand, wobei das Zügelende zwischen Ringfinger und Zeigefinger fixiert wird.

Beide Zügel werden jetzt aufeinander gelegt und die Hände
geschlossen. Zwischen den beiden Händen befindet sich nun die
sogenannte Zügelbrücke. Die Brückenbreite liegt zwischen 20
und 40 cm. Eine feste Regel dafür gibt es nicht, da verschiedene
Faktoren ausschlaggebend sein können, welche Brückenbreite benutzt werden sollte.

Zweihändige Zügel-
führung mit Brücke

Soll der Zügel verkürzt werden, öffnen sich die Hände leicht. Kleiner Finger und Ringfinger klemmen den Zügel ein. Die Hände bewegen sich aufeinander zu, die Zügelbrücke wird dabei zusammengeschoben.

Die Hände gleiten anschließend mit losem Ringfinger und Zeigefinger am Zügel entlang nach außen, um sich in richtiger Position wieder zu schließen.

Das Verkürzen und Verlängern der Zügel will geübt sein. Dies kann sehr gut zu Hause beim Fernsehen geübt werden. Man bindet die Zügel irgendwo an und nimmt sie so in die Hand, als wenn man auf einem Pferd säße. Darf man anfangs noch hinsehen, übt man anschließend, ohne auf die Hände zu blicken, weiter, bis die Technik beherrscht wird. Einem solchermaßen vorbereiteten Reiter wird es erspart bleiben, mit riesigen Zügelknäueln zwischen den Händen hilflos auf dem Pferd zu sitzen.

Neckreining

▶ Neckreining – Einhändige Zügelführung

Das Reiten auf Kandare mit einhändiger Zügelführung sollte fortgeschrittenen Reitern überlassen werden, da sensible Hände und viel Übung zur richtigen Zügelführung erforderlich sind.

Die zügelführende Hand zeigt in Richtung Pferdemaul, der Zeigefinger befindet sich zwischen den beiden Zügeln. Beide Zügel fallen auf der Seite der zügelführenden Hand herunter. Die freie Hand wird nicht hängen gelassen, da dadurch ein Ungleichgewicht entstehen würde, das ein sensibel gerittenes Pferd zur Richtungsänderung veranlassen kann. Die Hand wird so vor dem Körper getragen, daß beide Schultern auf gleicher Höhe bleiben.

Die Romal Reins, die kalifornischen Zügel, bestehen aus einem geschlossenen Zügel mit eingeknoteter, peitschenartiger Verlängerung, Romal genannt. Die zügelführende Hand hält den Zügel unterhalb des Knotens wie einen Blumenstrauß, die freie Hand hält das Romal in einer Mindestentfernung von 40 cm zur zügelführenden Hand.

Das Pferd wird bei einhändiger Zügelführung im Neckreining geritten. Das heißt, daß das Pferd nicht mehr durch direkten Zügelkontakt am Maul, sondern durch Anlehnen des gegenüberliegenden Zügels am Hals zur Richtungsänderung aufgefordert wird. Soll sich das Pferd z. B. nach rechts bewegen, legt der Reiter den linken Zügel an den Hals des Pferdes.

Trockenübungen zum richtigen Sitz

Jeder, der eine Sportart betreibt, kann sich vorstellen, daß ein guter Sitz zu Pferd viel Übung erfordert (wie ja auch der richtige Stand auf einem Surfbrett oder die korrekte Handhaltung beim Tennis). Dazu kommt, daß einige der beim Reiten benötigten Muskeln nur von den wenigsten Menschen im alltäglichen Leben benutzt werden.

Natürlich könnte man versuchen, diese Fertigkeiten und den Aufbau der entsprechenden Muskeln in den Reitstunden auf einem Pferd zu erlernen. Preisgünstiger und auch einfacher ist es, seine Muskulatur und seine Haltung mit Trockenübungen zu Hause zu schulen. Dazu drei Übungen:

ÜBUNG 1: Zu den wesentlichen Fertigkeiten beim Reiten gehört das Kreuzanspannen. Dabei wird das Becken im oberen Bereich nach hinten abwärts gedrückt und unten nach vorne gehoben. Die Gesäßknochen schieben sich dabei nach vorne.

Ein Reiter, der mit Hohlkreuz reitet, wird kaum sein Kreuz anspannen können, da er sein Hinterteil nach hinten wegstreckt. Der Reiter muß lernen, gerade zu sitzen und sein Becken bei Bedarf zu kippen, aber genau in die entgegengesetzte Richtung als beim Hohlkreuz.

Mit dem Becken kippt auch der Stuhl

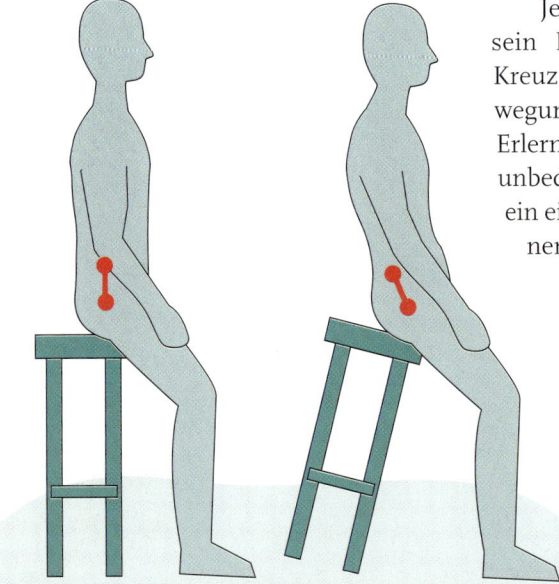

Jedes Kind, das schaukelt, lernt sein Becken abzuknicken und das Kreuz anzuspannen, da dieses die Bewegung zum Schwungholen ist. Zum Erlernen dieser Übung ist jedoch nicht unbedingt eine Schaukel erforderlich, ein einfacher Hocker mit geraden Beinen genügt.

Man setzt sich breitbeinig, wie auf einem Pferd, darauf und versucht, den Hocker durch Beckenkippen und Kreuzanspannung zum Kippen zu bringen. Wichtig ist, nicht zu weit hinten zu sitzen, aber auch nicht so weit vorne, daß der Hocker fast von alleine kippt.

ÜBUNG 2: Eine schlechte Haltung führt häufig zu Rückenproblemen, erschwert dem Reiter einen korrekten Sitz und verhindert auch die Kreuzanspannung. Oftmals sind die Schultern nach vorne gezogen, doch durch dieses nach vorne Fallen der Schultern kommt es in der Wirbelsäule zu einer Art »Buckelbildung«, die es nicht erlaubt, die Rückenmuskulatur ihrer Bestimmung entsprechend zu benutzen. Für viele Menschen ist das aber die Haltung, in der sie bis zu acht Stunden am Tag ihre Arbeit verrichten müssen.

Eine einfache Übung, die man jeden Abend vor dem Fernseher praktizieren kann, hilft, dem entgegenzuwirken. Man setzt sich auf einen harten Stuhl oder Hocker und spreizt die Beine, als säße man auf einem Pferd. Bei gleichmäßiger Belastung der beiden Sitzknochen und Aufrichtung der Wirbelsäule werden die Schultern so weit wie möglich zurückgenommen. Die Arme fallen locker bis zum Ellenbogen herab. Die Unterarme liegen locker auf den Oberschenkeln auf.

Übung zum Geradesitzen

Diese Übung täglich für ca. eine Stunde durchgeführt, kann bei jungen Menschen bereits nach 14 Tagen zu einer erheblichen Verbesserung der Haltung führen. Ältere Menschen benötigen etwas mehr Zeit. Allerdings ist diese Übung mit Muskelkater verbunden.

ÜBUNG 3: Die Muskulatur an der Innenseite der Oberschenkel gehört ebenfalls zu den allgemein vernachlässigten Muskelpartien. Es gibt nur wenige Bewegungsabläufe im normalen Alltag, in denen der Einsatz dieser Muskeln erforderlich ist. Um diese Partien zu trainieren, setzt man sich auf einen Tisch oder auf eine Stange, so daß die Beine nicht den Boden berühren. Zwischen die Knie wird ein Buch von ca. 20–25 cm Länge geklemmt und so lange wie möglich festgehalten. Diese Übung sollten Sie bis auf eine Dauer von fünf Minuten steigern.

Training der inneren Oberschenkelmuskulatur

Die Hilfen

Sitzt ein Könner auf seinem Pferd, sind oft nur geringfügige Signale des Reiters zu erkennen, manchmal sind die Hilfen auch völlig unsichtbar. Hat der Reiter vielleicht sein Pferd abgerichtet, auf Zuruf bestimmte Manöver auszuführen?

Das ist zwar möglich, doch nur in recht begrenztem Maße. Man kann sicherlich einem Pferd beibringen, auf Stimmkommando eine bestimmte Gangart aufzunehmen, anzuhalten oder seitwärts zu gehen. Aber bei letzter Übung sind bereits Grenzen gesetzt, denn das Pferd muß wissen, in welche Richtung es gehen soll und in welchem Winkel.

Erst das präzise Zusammenspiel verschiedener Hilfen bewirkt eine bestimmte Verhaltensweise beim Pferd. Daher ist es unabdingbar, nicht nur alle Möglichkeiten der Hilfengebung zu kennen, sondern auch die jeweilige Wirkungsweise auf das Pferd in ihrem Zusammenspiel.

Widersetzlichkeiten des Pferdes sind oft Mißverständnisse zwischen Reiter und Pferd, die durch falsche Hilfengebung entstehen. Das Vorgehen in kleinen Lernschritten erleichtert Mensch und Tier das gegenseitige Verstehen.

Das Einmaleins
des Westernreitens

▶ **Vier Bausteine: Schenkel, Gewicht, Zügel, Stimme**

Das ausgebildete Westernpferd wurde darauf geschult, auf bestimmte reiterliche Einwirkungen hin, bestimmte Bewegungsabläufe zu zeigen.

Dabei muß sich der Mensch einer Sprache bedienen, die das Pferd verstehen kann. Die Mittel der Verständigung bestehen aus verschiedenen Signalen, mit denen der Reiter über das Kopfstück und Gebiß auf das Maul, mit einer Gewichtsverlagerung auf das Gleichgewicht und mit dem Druck der Schenkel auf den Pferdekörper einwirkt. Dazu kommt die Stimme des Menschen, die befehlend, lobend, strafend oder beruhigend wirken kann.

Das Zusammenspiel verschiedener Hilfen veranlaßt das Pferd, etwas Bestimmtes zu tun. Wichtig ist, daß die Hilfen zum

  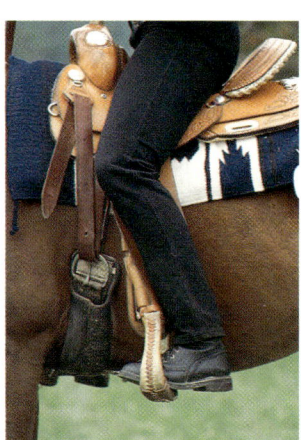

Schenkellage vor dem Gurt   **.... am Gurt**   **.... hinter dem Gurt**

Für das Reiten im Gelände muß der Reiter ausbalanciert sitzen können

richtigen Zeitpunkt gegeben werden und, falls erforderlich, auch gleichzeitig. Zeitlich versetzte Hilfen erzielen nicht das gewünschte Ergebnis.

Dem Pferd muß am Anfang Zeit gegeben werden, die Hilfen des Reiters zu verstehen. Mit fortgeschrittener Ausbildung kann eine schnellere Reaktion erwartet werden. Ziel der Ausbildung eines Pferdes ist es, die Hilfen im Laufe der Zeit so zu minimieren, daß sie beim ausgebildeten Pferd nur noch angedeutet werden müssen, so daß es kein Problem ist, ein solches Pferd auch ohne Kopfstück zu reiten.

Schenkelhilfen

Eine Schenkelhilfe wirkt nicht automatisch bei einem Pferd, es muß erst gelernt haben, welche Bedeutung ihr zukommt. Durch aufmunternde Stimmhilfen und Lob bei richtiger Reaktion lernt das junge Pferd, sich vom Schenkel treiben und begrenzen zu lassen oder dem Schenkel zu weichen.

Schenkelhilfen werden durch Schenkeldruck mit gespannter Wade gegeben. Solange der Absatz den tiefsten Punkt bildet, bleibt die Wade gespannt. Schenkelhilfen können entweder

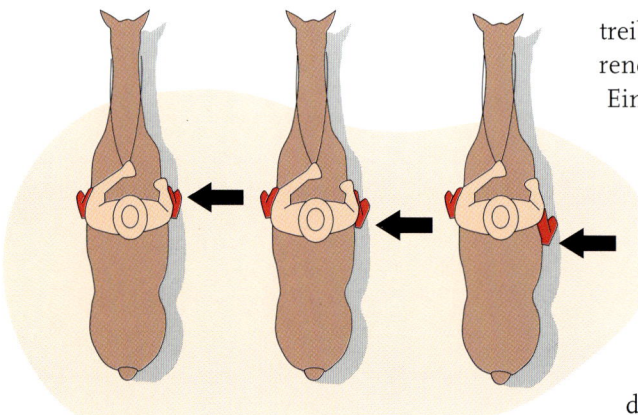

treibend, begrenzend oder verwahrend wirken. Bei gleichmäßigem Einsatz beider Schenkel können Schenkelhilfen vorwärts oder rückwärts treibend wirken. Bei einseitig vermehrtem Einsatz wirken sie seitwärts treibend.

Der verwahrende Schenkel verhindert, daß das Pferd aus der Spur tritt, das heißt den Ausfall des äußeren Hinterfußes. Der verwahrende Schenkel ist eigentlich passiv und kommt hauptsächlich zum Einsatz, wenn der Reiter in der Bahnmitte arbeitet, in der die Hallenwand oder der Zaun durch den Schenkel ersetzt werden muß, weil die Hinterhand nach außen schwingt. Jetzt wird aus dem verwahrenden Schenkel ein begrenzender Schenkel.

Der Pferdekörper wird in Höhe der Wade in drei Einwirkungsfelder unterteilt. In Normalposition liegt das Bein im Einwirkungsfeld für die seitlich wirkende Hilfe. Das heißt, mit einem Schenkeldruck hier, in Verbindung mit anderen Hilfen, kann ich das Pferd z. B. zum Seitwärtstreten veranlassen.

Vor dieser Position liegt die Einwirkung auf die Vorhand, eine Hilfe, die hauptsächlich bei Hinterhandwendungen zum Tragen kommt. Hinter der Normalposition liegt das Feld für die Einwirkung auf die Hinterhand. Hier kann der Reiter z. B. eine Vorhandwendung im Zusammenspiel mit anderen Hilfen einleiten.

Gewichtshilfen

Das Pferd besitzt ebenso wie der Mensch einen Schwerpunkt, dessen Lage es durch unterschiedliche Haltungen verändern kann. Läuft das Pferd allein auf der Wiese, wird es in jeder Gangart immer sein Gleichgewicht finden. Sitzt ein ungeübter Reiter auf seinem Rücken, wird das Pferd unter Umständen immer wieder aus dem Gleichgewicht gebracht, da der Reiter im Sattel ständig sein Gewicht unkontrolliert irgendwohin verlagert.

Stellt man sich einen Menschen vor, auf dessen Schultern ein anderer sitzt, der sich nach rechts beugt, weiß man, daß der

Untermann etwas unternehmen muß, um sein Gleichgewicht zu halten. Da der Obermann seinen Schwerpunkt nach rechts verlagert hat, muß der Untermann unter diesen Schwerpunkt treten, will er nicht das Gleichgewicht verlieren. Das heißt, der Untermann stellt sein rechtes Bein unter den verlagerten Schwerpunkt seines Obermannes, damit er nicht aus dem Gleichgewicht kommt.

Genauso reagiert das Pferd. Es wird immer versuchen einen verlagerten Schwerpunkt auszugleichen, indem es unter den neuen Schwerpunkt des Reiters tritt.

Gewichtshilfen können beidseitig belastend oder auch einseitig belastend wirken. Das Verlangsamen oder Anhalten des Pferdes z. B. wird durch ein Kippen des Beckens, das unseren Schwerpunkt nach hinten verlagert, bewirkt. Beschleunigung kann durch Gewichtsverlagerung nach vorne erreicht werden. Durch Gewichtsverlagerungen nach rechts oder links kann das Pferd zu einer Richtungsänderung veranlaßt werden.

Einknicken in der Hüfte gehört zu den schlimmsten Fehlern bei der Gewichtshilfe, weil sie dadurch wirkungslos wird.

▶ Die richtige Hilfengebung

1. Alle Hilfen ergeben nur im Zusammenspiel mit anderen Hilfen die Aufforderung, etwas Bestimmtes zu tun.

2. Korrekte Hilfengebung ist nur bei korrektem Sitz möglich.

3. Ein Pferd kann nur einer Hilfe folgen, deren Bedeutung es erlernt hat.

4. Wenn ein Pferd einer Hilfe nicht folgt, sollte der Reiter zuerst seinen Sitz und seine Hilfengebung überprüfen.

5. Um ein perfektes Ergebnis zu erzielen, müssen die Hilfen zum richtigen Zeitpunkt gegeben werden.

6. Zügelhilfen sollten so sparsam wie möglich eingesetzt werden.

7. Das Pferd sollte auf die Hilfen vorbereitet sein und nicht damit überfallen werden.

Zügelhilfen

Zügelhilfen können verhaltend oder richtungsweisend wirken. Die Zügel werden nicht mit fest anstehender Verbindung zwischen Hand und Maul eingesetzt, sondern nur als feiner Kontakt aufrecht erhalten. Einwirkungen sind niemals Dauerzug, sondern Annehmen und Nachgeben. Auf gar keinen Fall sollte der Zügel als Rettungsanker zum Festhalten bei reiterlichen Gleichgewichtsstörungen mißbraucht werden.

Bei der beidhändigen Zügelführung wird der richtungsweisende Zügel nur impulsgebend eingesetzt, der andere liegt lose am Hals des Pferdes.

Ein ständig anstehender Zügel macht das Pferd im Maul stumpf, manche Pferde reagieren mit Nervosität darauf, vor allem wenn sie eine korrekte Ausbildung hatten und der Reiter aus Angst, das Pferd könnte ihm weglaufen, ständigen Druck aufs Maul ausübt.

Anstatt hier von einem hartmäuligen Pferd zu sprechen, wäre der Ausdruck harthändiger Reiter treffender. Sensible Reiterhände übermitteln dem Pferd einfühlsame Signale.

Mit den Händen darf nur soviel Druck auf das Maul ausgeübt werden, wie das Pferd benötigt. Das heißt, ein stärkerer Druck darf nur ausgeübt werden, wenn sich das Pferd verweigert. Doch auch hier ist der Reiter nicht davon entbunden, weitere Feinfühligkeit walten zu lassen, während er größeren Druck ausübt.

Viele Reiter sind zu schnell mit ihren Händen, d.h. sie üben ruckartigen Druck auf das Maul aus, auf den das Pferd mit hochgenommenem Kopf und weggedrücktem Rücken reagiert. Besser ist es, beim Anhalten das Wort »Whoa« langsam auf der Zunge zergehen zu lassen und in der gleichen Zeitspanne die Zügel anzunehmen.

Jeder Reiter muß daran arbeiten, seine Hand ruhig halten zu können. Damit ist nicht gemeint, daß sie starr oder unbeweglich vor dem Körper gehalten werden soll, sondern eher, daß sie im Takt des Pferdes nachgeben kann.

Die Voraussetzung hierfür ist der ausbalancierte Sitz, denn ein Reiter, der verkrampft sitzt, verkrampft auch seine Ellenbogen und seine Handgelenke. Verkrampfungen verhindern eine korrekte und deutliche Hilfengebung und führen dazu, daß das Pferd sich unter dem Reiter nicht lösen kann.

Die Stimmhilfe

Bei der Stimmhilfe muß der Tatsache Rechnung getragen werden, wie ein Pferd hört. Das heißt, neben den einzelnen Lauten, der Lautstärke und der Stimmlage spielt gelegentlich auch das rhythmische Hören eine wesentliche Rolle. Mit der Stimme kann ein Pferd zu etwas aufgefordert, gelobt, beruhigt oder auch zurechtgewiesen werden.

Das wohl verbreitetste Stimmkommando der Westernreiterei ist das »Whoa«, das Kommando zum Anhalten. Es kann als leise Aufforderung ausgesprochen werden, der das Pferd willig folgt, oder aber auch lauter und drohend, wenn das Pferd das Kommando ignorieren will. Ein verunsichertes Pferd kann mit einem leise gesprochenen, dunkelvokaligen Wort wie »ruuuhig« beruhigt werden oder als Bestätigung für die richtige Handlungsweise mit dem Wort »schööön« begelobt werden. Für Trab und Galopp kann ein Schnalzen im Zweitakt, bzw. Dreitakt unterstützend wirken.

Korrekte Hilfengebung erfordert einen korrekten Sitz

▶ Hilfen im Schritt

Endlich sitzt der Reiter voller Tatendrang auf dem Pferd. Wenn man Reitanfänger ist, ist das Sicherste in diesem Moment, gar nichts zu tun, denn das gut erzogene Westernpferd wird auch nichts tun, solange der Reiter keine Signale bzw. Hilfen gibt.

Auch die Zügel werden vorerst nicht aufgenommen, sondern bleiben auf dem Hals liegen.

Dieses Signal der Hand oder des Zügels auf dem Mähnenkamm sollte jedes Westernpferd kennen, sagt es ihm doch, daß nichts los ist und der Reiter derzeit auch keine weiteren Wünsche hat. Es versetzt den Reiter in die Lage, wo immer er will und so lange er will, stehenzubleiben, sei es bei einer Siegerehrung oder im Wald bei einem Schwätzchen mit einem anderen Reiter.

Ein Reiter sollte nicht sofort nach dem Aufsteigen losreiten, sondern noch einen Moment stehenbleiben, damit das Pferd lernt, erst anzutreten, wenn der Reiter das Kommando dazu gibt. Ein lernwilliges Pferd könnte sonst aus dem generellen sofortigen Losreiten schließen, daß es der Wunsch des Reiters ist, auch ohne weitere Hilfengebung immer gleich losreiten zu wollen. Als Folge wird es sich irgendwann bereits in Bewegung setzen, während der Reiter noch beim Aufsteigen ist.

Auf der Koppel können sich Pferde austoben, um dann unter dem Reiter ruhig und gehorsam zu gehen

Der Reiter setzt sich im Sattel zurecht, richtet sich auf und sitzt mit gleichmäßigem Druck auf den beiden Gesäßknochen, wobei der Sitz passiv sein soll.

Wird der Zügel aufgenommen, ist am Ohrenspiel des Pferdes zu erkennen, daß es auf weitere Instruktionen wartet.

Ist der Reiter jetzt unentschlossen, kann es sein, daß das Pferd sich in irgendeine Richtung in Bewegung setzt. Das kann man weniger als Ungehorsam bezeichnen, sondern beruht auf der Tatsache, daß ein Pferd, das mitdenkt, immer versuchen wird, eine Wissenslücke nach eigenen Ermessen zu schließen.

Ist der Reiter mit seinem Pferd bereits vertraut, würde er jetzt ganz leicht mit dem Oberkörper und den Händen vorgehen und einen kurzen Schnalzlaut von sich geben, was das Pferd zum Vorwärtsgehen bewegen würde.

Das Pferd konzentriert sich voll auf seine Reiterin

Wo diese Vertrautheit noch nicht vorhanden ist, muß der Reiter neben den hier beschriebenen Hilfen auch die treibenden Hilfen anwenden, d. h. er nimmt beide Schenkel mit gleichmäßigem Druck sanft ans Pferd, um sie sofort wieder vom Pferd wegzunehmen, sobald dieses sich bewegt.

Die Stärke des Schenkeldruckes richtet sich nach der Sensibilität des Pferdes. Bei einem stärkeren Druck würde ein sensibleres Pferd vielleicht schon antraben. Der Reiter muß lernen, seine Beine in Sekundenbruchteilen mit einem dem Pferd angemessenen Druck »zuzumachen« und wieder loszulassen.

Sitzt der Reiter nicht auf beiden Sitzknochen, sondern belastet einen der beiden Knochen mehr, wird das Pferd nicht geradeaus gehen.

Hat sich aber das Pferd so wie vorgesehen in Bewegung gesetzt und befindet sich im gewünschten Tempo, versucht der Reiter sich entspannt auf beide Gesäßknochen zu setzen, die Schultern zurückzunehmen und dorthin zu schauen, wohin er reiten möchte. Seine Beine fallen locker an beiden Seiten des Pferdes herunter, und die Hände befinden sich der Armlänge entsprechend vor oder über dem Horn.

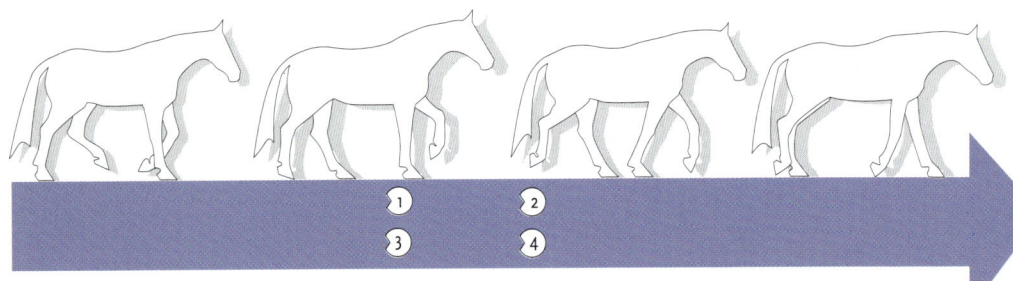

Fußfolge im Schritt: die Beine werden nacheinander auf den Boden gesetzt

Durch das Fehlen weiterer Hilfen weiß das Pferd, daß seine Reaktion richtig war.

Ist das Tempo zu hoch, kann der Reiter es durch leichten Zügelkontakt zum Verlangsamen auffordern. Bei zu langsamem Tempo üben beide Schenkel nochmals Druck aus, bis das gewünschte Tempo erreicht ist.

Die langsamste Gangart des Pferdes ist der Schritt. Der Schritt ist ein Viertakt, bei dem jedes der vier Beine nacheinander auf den Boden gesetzt wird. Er sollte einen klaren, ebenmäßigen Rhythmus zeigen. Für den Turnierreiter ist die Taktreinheit seines Pferdes in jeder Gangart unbedingte Voraussetzung. Der Freizeitreiter, der ausschließlich im Gelände reitet, ist eher an bequemen Gängen interessiert als an deren Taktreinheit. Taktunreine Gänge können durch Fehlstellungen verursacht werden oder aber auch durch mangelnde Balance des Pferdes unter dem Reiter.

Der ideale Schritt eines Pferdes ist flach, raumgreifend, elastisch und bequem. Der Reiter hat dabei das Gefühl, von rechts nach links geschoben zu werden. Das liegt an der Beinfolge, bei der erst beide Beine der einen Körperseite und dann beide Beine der anderen Körperseite auffußen. Dabei soll der Reiter sich im Oberkörper so ausbalancieren, daß kaum eine Bewegung zu erkennen ist.

Der Schritt wird mit entspanntem Sitz und entspannten Beinen geritten. Der Reiter wird bemerken, daß im einen Moment das rechte Bein gegen den Pferdekörper schwingt, während das linke Bein davon weg schwingt, im nächsten Moment umgekehrt. Wenn die eine Pferdeschulter zurückgeht, schwingt jeweils das gleichseitige Bein an den Pferdekörper. Der Reiter soll sich dem Takt des Pferdes hingeben. Verkrampfte Reiter haben Probleme, sich in den Takt hineinzufinden und behindern damit ihr Pferd, daher ist lockeres, passives Sitzen wichtig.

Das Pferd sollte von sich aus ein seiner Körpergröße angepaßtes Tempo zeigen und dabei am langen Zügel korrekt geradeaus gehen. Einem Pferd, das zu langsam geht, fehlt häufig die Energie, um seine Gelenke zu beugen. Das Ergebnis ist, daß es seine Beine über den Boden schlurfen läßt und stolpert.

Ein guter Schritt sollte jedem Pferd abverlangt werden, denn nichts ist lästiger, als bei einem Gruppenausritt ständig in einen Zockeltrab zu fallen, weil der Abstand zu den fleißig marschierenden Pferden zu groß geworden ist.

Ist im Schritt das richtige Tempo erreicht, sollte man sich im Geradeausreiten in der Bahnmitte in dieser Gangart üben. Wieso Geradeausreiten üben? Das kann doch jeder, ist der erste Gedanke. Richtig, aber nur an der Wand entlang.

Das Geradeausreiten ist nicht einfach und erfordert am Anfang hohe Konzentration durch den Reiter. Wer es im Schritt nicht beherrscht, wird in einer schnelleren Gangart kaum in der Lage sein, sein Pferd kontrolliert geradeaus zu reiten.

Auf einem frisch abgezogenen Platz ist am ehesten zu erkennen, welche Schlangenlinien viele Reiter, ohne es zu wissen, auf der Mittellinie reiten.

Der Schritt soll fleißig und raumgreifend sein

▶ Anhalten und Rückwärtsrichten
Das Anhalten

Wenn ein ein Pferd anhält, darf dies nicht mit einem Sliding Stop verwechselt werden. Anhalten heißt lediglich, mit untergesetzter Hinterhand zum Stehen zu kommen, egal aus welcher Gangart. Der Sliding Stop erfolgt im Galopp aus dem Run Down, bei dem das Pferd eine hohe Geschwindigkeit entwickelt und durch den Schwung des Tempos sowie durch die Spezialeisen, die Sliding Eisen, befähigt wird, meterweit auf der untergesetzten Hinterhand zu rutschen, wobei die Vorderbeine weiterlaufen.

So spektakulär das aussieht, der Weg dorthin ist weit, und zuvor muß der Reiter sich üben, sein Pferd aus allen Gangarten lediglich mit untergesetzter Hinterhand anzuhalten.

Wichtig für das Anhalten ist das Timing der Hilfen. Bei weniger geübten Reitern ist häufig zu beobachten, daß Stimmhilfe, Zügelhilfe und Gewichtshilfe in dieser Reihenfolge nacheinander gegeben werden, was dazu führt, daß das Pferd, insbesondere das noch nicht perfekt ausgebildete Pferd, noch einige Schritte weiterläuft, bevor es endgültig zum Stillstand kommt.

Es hört zwar das Kommando »Whoa«, aber da der Reiter noch keine weiteren Signale gegeben hat, ist sich das Pferd nicht ganz sicher, was der Reiter von ihm möchte.

»Whoa« ist ein endgültiges Kommando, das zum Anhalten auffordert und darf niemals für etwas anderes verwendet werden. Unterstützt wird dieses Kommando mit einer Schwerpunktverlagerung nach hinten durch Abkippen des Beckens und im Idealfall durch eine nur sehr leichte Zügelhilfe. Bis das Wort »Whoa« zu Ende gesprochen wird, sollten auch die anderen Hilfen erfolgt sein.

Das Wort »Whoa« signalisiert dem Pferd zu stoppen und soll bewirken, daß das Pferd mit der Hinterhand tiefer wird und den Rücken rund macht. Das tiefe Einsitzen mit dem abgekippten Becken wirkt als Gewichtshilfe beim Anhalten. Gleichzeitig soll durch Durchdrücken der Absätze vermehrt Gewicht in die Bügel kommen, was bei höherer Geschwindigkeit hilft, während des Stops tief im Sattel zu bleiben. Die Zügel werden leicht angenommen, aber keinesfalls als Dauerzug, sondern sofort wieder losgelassen. Lediglich bei Pferden, die die Reiterhilfen ignorieren, darf impulsartig weiterer Zügelkontakt erfolgen.

Wird ein Pferd mit Gewalt über den Zügel gestoppt, wirft es den Kopf hoch, stemmt sich mit Hals und Schultermuskeln gegen die Hand und versteift sich insgesamt, so daß der Reiter bei höherem Tempo sehr harte Stöße aussitzen muß. Hilfreich kann es daher anfangs sein, das Pferd direkt nach dem Stop einen halben Schritt rückwärts treten zu lassen. Hierdurch wird das Untersetzen der Hinterhand gefördert.

Wird ein Pferd unmittelbar nach einem Stop immer oder häufig mehrere Schritte rückwärts gerichtet, kann das dazu führen, daß das Pferd

Das Pferd wartet auf neue Signale des Reiters

nach jedem Stop zu zappeln beginnt, weil es eine weitere Hilfe erwartet. Im Turniersport, z. B. in einer Western Horsemanship oder im Trail, ist das ein großer Fehler.

Das Rückwärtsrichten

Es gibt dabei zwei Formen, die unterschiedliche Bedeutungen haben. Zum einen das normale Rückwärtsrichten als Übung und zum anderen das disziplinierende Rückwärtsrichten als Strafe bei Gehorsamsverweigerung. Die zweite Form des Rückwärtsrichtens darf natürlich nur von einem erfahrenen Reiter ausgeführt werden. Das korrekt ausgebildete Pferd kann diese beiden Arten sehr gut unterscheiden.

Will man das Pferd rückwärtsrichten, sollte es möglichst zu Beginn der Übung alle vier Beine gleichmäßig belasten. Das Gewicht des Reiters sollte auf beiden Sitzknochen gleichmäßig verteilt sein, um ein gerades Rückwärtsrichten zu gewährleisten. Gleichzeitig mit dem Kommando »Back« erfolgt wie beim Anhalten eine Schwerpunktverlagerung nach hinten. Die Schenkelmuskulatur wird angespannt, das Pferd dadurch »auf das Gebiß getrieben«. Die Hand des Reiters gibt jetzt nicht nach, sondern bleibt bei anstehendem Zügel, wo sie ist. Dadurch steht dem Pferd der Weg nach vorne nicht offen. Es wird dem Druck, unterstützt durch die Schwerpunktverlagerung, nach hinten weichen.

Sobald das Pferd zurücktritt, muß der Druck auf das Maul verringert werden. Hat das Pferd diese Übung verstanden, wird der Reiter bald auf die Zügelhilfe verzichten und sein Pferd am losen Zügel rückwärtsrichten können.

Das Rückwärtsrichten darf nicht durch Zug am Zügel eingeleitet werden. Denn dann nimmt das Pferd in den meisten Fällen den Kopf hoch und drückt den Rücken weg.

**Rückwärts
(back-up)**

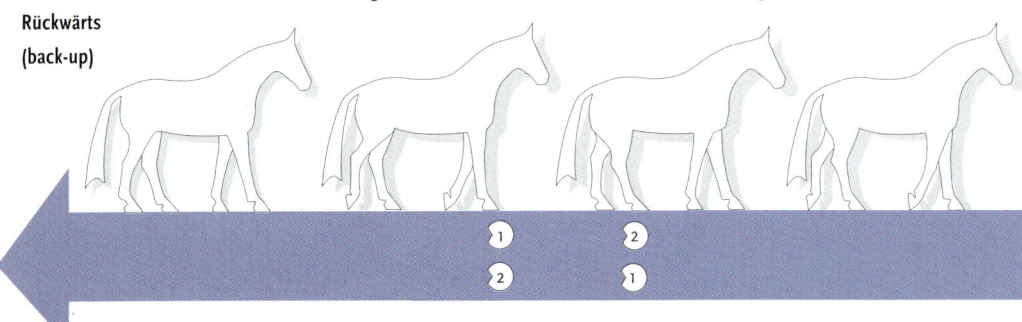

Rückwärtsrichten

Das Pferd soll beim Rückwärtsrichten eine Kopfhaltung einnehmen, die es ihm ermöglicht, die Hinterhand unterzusetzen. Diese tiefe Kopfhaltung kann im Übungsstadium durch tiefe Hände erreicht werden. Die Zügel werden dabei einzeln genommen, wobei nach wie vor die Zügelenden an der jeweils gegenüberliegenden Seite des Pferdehalses herunterhängen. Die Schultern des Reiters bleiben hinten, die Arme werden lang gemacht, und lediglich die Hände kommen weiter nach unten und nach hinten, bis maximal vor den Oberschenkel.

Zu Beginn sollten dem Pferd höchstens zwei bis drei Schritte rückwärts abverlangt werden. Es ist besser, das Pferd geht drei Schritte korrekt rückwärts und wird dafür gelobt, als mehrere Schritte schräg oder mit übermäßigem Zügeleinsatz. Diese Übung auf dem Hufschlag an der Bahnwand oder am Zaun auszuführen, erleichtert Pferd und Reiter den Anfang.

Bricht die Hinterhand aus, so daß das Pferd schräg läuft, setzt der Reiter den jeweiligen Schenkel hinter dem Gurt zur Korrektur ein.

Es gibt auch die Möglichkeit, den Rücken des Pferdes beim Rückwärtsrichten zu entlasten. Diese Methode ist für die Reiter, die z. B. Trail reiten möchten, nicht empfehlenswert, da der Reiter sich damit der Möglichkeit beraubt, die Hinterhand kontrollieren zu können, was z. B. beim Rückwärtsrichten durch ein Stangen-L oder durch Pylonen unabdingbar ist.

▶ Biegungen und Wendungen

Ebensowenig wie man die Möglichkeit hat, mit dem Auto immer nur geradeaus zu fahren, hat man sie beim Reiten. Will man langsam um eine Kurve fahren, betätigt man das Lenkrad in eine Richtung, und das Auto wird zweifellos dieser Weisung folgen, da es als starre Materie keine andere Möglichkeit hat.

Beim Pferd sieht das wesentlich anders aus. Betätigt man nur das Lenkrad, d. h. die Zügel durch Zupfen oder womöglich im unerwünschten Dauerzug, mögen sich vielleicht der Hals und der Kopf des Pferdes in diese Richtung, in die er gezogen wird, bewegen, ob der Körper allerdings dieser Bewegung folgt, ist eine andere Frage.

Die korrekte Richtungsänderung ist ein feines Zusammenspiel aller Hilfen, die eine Biegung des Pferdes bei der Richtungsänderung bewirken soll. Diese Biegung wird bei hohen Geschwindigkeiten, bei der ein Auto aufgrund der starren Materie von der Fahrbahn abkommen würde, dem Pferd ermöglichen, in der Spur zu laufen. Tut es das nicht, weil der Reiter versäumt hat, sich mit Stellung, Biegung und Wendungen zu befassen, kann es in einer Kurve bei höherer Geschwindigkeit zu äußerst brenzligen Situationen kommen, die im schlimmsten Fall zum Sturz führen können.

Daher ist es unerläßlich in der Reitbahn nicht nur zur allgemeinen Schulung, sondern insbesondere auch zur Vorbereitung auf das Gelände, Kreise je nach Ausbildungstand in allen Gangarten und Größen zu üben, bis die Hinterhand der Vorhand in der Spur folgt. Bei kaum einer anderen Lektion ist es besser möglich, die Hilfengebung nach und nach zu vervollständigen, um sich die Wirkungweise der einzelnen Schritte zu verinnerlichen.

Mit einer einfachen Übung kann jeder Reiter erforschen, ob sein Pferd auf seine Gewichtshilfen reagiert bzw. ob vielleicht noch daran gearbeitet werden muß. Bei dieser Übung handelt es sich um eine Volte (Kreis von sechs bis zehn Metern Durchmesser), die anfangs ausschließlich durch die Schwerpunktverlagerung des Reiters zustande kommen soll. Diese Art der Volte hat natürlich noch nichts mit der korrekt gerittenen Volte, bei der das Pferd in Biegung geht, zu tun. Eine korrekt gerittene Volte gehört mit zu den wichtigsten Gymnastizierungsübungen für das Pferd.

Wendungen können auch im Galopp geübt werden

Im Moment handelt es sich ausschließlich um eine Volte, die zur Verfeinerung der Hilfengebung des Reiters und Akzeptanz dieser Hilfengebung durch das Pferd dient.

Der Reiter reitet im Schritt auf dem Hufschlag am Zaun entlang. Er sitzt aufrecht im Sattel und belastet beide Sitzknochen gleichmäßig. Der Zügel hängt in diesem Fall durch.

Der Reiter verlagert sein Gewicht auf den inneren Sitzknochen, ohne den Oberkörper in diese Richtung zu lehnen. Die Haltung des Oberkörpers bleibt konstant, aber der Oberkörper versteift sich dabei nicht.

Je nach Sensibilität des Pferdes und der Intensität und Korrektheit der Schwerpunktverlagerung wird das Pferd versuchen, unter den Schwerpunkt des Reiters zu treten, d.h. es wird beginnen in die Bahnmitte abzubiegen. Über die Intensität der Schwerpunktverlagerung kann der Reiter beeinflussen, wie eng oder weit die Volte wird.

Am Anfang ist es durchaus legitim in der Volte, keinesfalls jedoch als Hilfe zum Abbiegen, notfalls durch ein- oder zweimaliges Zupfen am Zügel das Pferd zu unterstützen, die Richtung beizubehalten, wenn die Gewichtsverlagerung im Kreis noch nicht die gewünschten Ergebnisse erzielt.

Wichtig ist es darauf zu achten, daß die Schultern des Reiters ihre Stellung parallel zum Pferd beibehalten. Ein Verdrehen der Schultern nach vorne oder hinten stört die gleichmäßige Gewichtsverlagerung, die für eine runde Volte notwendig ist. Geht die innere Schulter des Reiters nach hinten, bricht das Pferd meist über seine äußere Schulter aus.

Hat der Reiter festgestellt, daß er sein Pferd zuverlässig über die Gewichtshilfe beeinflussen kann, nimmt er als nächste Hilfe die Schenkel dazu. Der innere Schenkel bleibt mit tiefem Absatz am Gurt. Der äußere Schenkel liegt verwahrend hinter dem Gurt und hilft mit, das Pferd gewissermaßen um den inneren Schenkel zu biegen und um, falls erforderlich, durch entsprechend dosierten Druck die Hinterhand daran zu hindern, nach außen zu schwenken.

Als letztes kommen bei dieser Übung die Zügel dazu. Durch leichten Druck über den inneren Zügel wird der Pferdekopf in die Bewegungsrichtung gestellt, so daß das Pferd während der Übung eine gleichmäßige Biegung beibehält. Die Stellung im Hals darf nie stärker als die Längsbiegung im Körper sein. Der äußere Zügel liegt durch die Biegung leicht am Hals an.

Anfangs ist zudem gelegentlich ein beidseitiger leichter Einsatz der Zügel nötig, um das Pferd, nachdem die Hilfengebung um die Schenkel erweitert wurde, daran zu hindern, schneller zu werden. Im Idealfall läuft das Pferd mit der Hinterhand in der Spur der Vorderhand, was allerdings einiger Übung bedarf, denn das nicht gymnastizierte Pferd hat Probleme, einer solchen Biegung mit seinem ganzen Körper zu folgen.

Haben Pferd und Reiter sich den Ablauf und die Ausführung im Schritt verinnerlicht, kann die Übung mit allen dazugehörenden Hilfen im Trab ausgeführt werden. Selbstverständlich muß diese Übung sowohl auf der rechten als auch auf der linken Hand gleich oft geritten werden. Lediglich bei Pferden, die auf einer Hand steifer sind, empfiehlt es sich, auf der schwächeren Hand Übungen häufiger zu wiederholen als auf der »Schokoladenseite«.

Weiterführend soll der Reiter jetzt versuchen, durch seine Hilfen das Pferd auf einer korrekten Zirkellinie zu reiten. Ein Zirkel ist ein Kreis, der jeweils in gleicher Größe die Hälfte der Reitbahn einnimmt, d. h. eine Reitbahn von 20 m x 40 m hat zwei Zirkel mit je einem Radius von 10 m und einem Durchmesser von 20 m. Die beiden Zirkellinien treffen sich im Mittelpunkt der Bahn.

Ebenso wie die Volte ist der Zirkel gleichmäßig rund und erfordert eine gleichbleibende Biegung des Pferdes. Da die Biegung wesentlich geringfügiger ist als bei der Volte, muß die Hilfengebung entsprechend dezent angewendet werden. Bereits geringe Abweichungen in den Hilfen führen zu einer unregelmäßigen Kreislinie.

Eine weitere Kontrolle der Hilfengebung kann durch das Wechseln aus dem Zirkel erfolgen. Im Mittelpunkt der Bahn »sitzt der Reiter um«. Er verlagert sein Gewicht auf die entgegengesetzte Seite, um das Pferd zu veranlassen, von der rechten Hand auf die linke Hand zu gehen, das heißt auf den anderen Zirkel. Keinesfalls darf der Reiter das Pferd dabei mit den Hilfen plötzlich überfallen. Der Reiter beginnt das Pferd umzustellen, indem er mit den Hilfen für die Rechtsbiegung aussetzt, dann geht er langsam zu den Hilfen zum Geradeausgehen über, die in den Hilfen zur Linksbiegung enden. Die Spanne, in der das Pferd geradeaus gestellt ist, soll nicht mehr als eine Pferdelänge betragen.

Wer die Wendungen zu Hause geübt hat, kann gelassen auf den Start warten

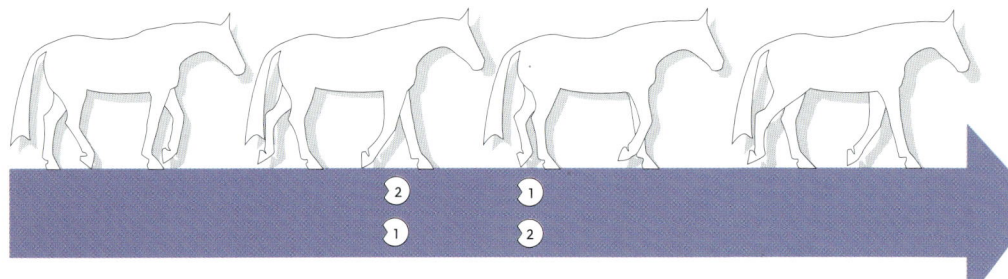

Fußfolge im Jog: die diagonalen Beinpaare fußen gleichzeitig auf

▶ Hilfen im Jog

Der Jog/Trot ist eine weiche diagonale Gangart im Zweitakt. Das Pferd bewegt sich dabei vollkommen gleichmäßig von einem diagonalen Beinpaar auf das andere. Diese Gangart ist beidseitig gleichartig und mit gerader Vorwärtsbewegung. Da immer ein diagonales Beinpaar den Boden berührt, kann sich das Pferd im Jog gut ausbalancieren.

Zwischen dem Auffußen des diagonalen Beinpaares gibt es einen Moment, in dem sich alle vier Beine in der Luft befinden, die Schwebephase.

Die Schnelligkeit des Jogs soll der einer ziehenden Rinderherde entsprechen, bei der der Schritt zu langsam und der Trab zu schnell und unbequem war. Jog ist eine Gangart, die man tagelang reiten kann, ohne zu ermüden. Im Jog hat der Reiter beste Möglichkeiten, einen guten Sitz zu entwickeln, da die Gangart ein ruhiges Sitzen im Sattel erlaubt.

Der Jog wird in den USA auch »Sitting Trot« genannt. Er hat eine kürzere Schrittlänge als der Trab beim klassischen Reiten und wird immer ausgesessen. Im Jog soll das Pferd am losen Zügel entspannt und vor allem in seiner rassebedingten, natürlichen Körperhaltung gehen.

Der Jog liegt zwischen Schritt und Trab, wobei letzterer zwar verkürzt wird, aber immer noch das diagonale Auffußen verlangt. Die Schwebephase ist im Jog sehr geringfügig, so daß die Erschütterungen wie beim Trab unterbleiben, was den ruhigen Sitz des Reiters fördert.

Der Reiter sollte sich hierbei auf sein natürliches Körpergefühl verlassen und sich auf die Bewegung des Pferdes konzentrieren. Wenn sich die eine Kruppenhälfte des Pferdes senkt, senkt sich automatisch die auf dieser Seite befindliche Gesäßhälfte.

Das Pferd hält im Jog im Gegensatz zu den schwingenden Kopfbewegungen im Schritt den Kopf sehr ruhig, so daß auch die ruhige Handhaltung in dieser Gangart, wenn das Pferd im Tempo bleibt, geübt werden kann.

Soll das Pferd angetrabt werden, ist eine beidseitige Schenkelhilfe erforderlich. Die Feinfühligkeit des Pferdes bestimmt auch hier wieder, in welchem Maße. Eine Stimmhilfe mit rhythmischem Schnalzen kann die Schenkelhilfe unterstützen, die Hand geht dabei etwas nach vorne.

Es besteht die Gefahr, daß ein im Jog laufendes Pferd so faul wird, daß es die Vorhand schlurfen läßt. Das muß umgehend korrigiert werden, da dauerhaftes Laufen auf diese Art zu frühzeitigem Verschleiß der Vorhand führt, im schlimmsten Fall zur Hufrollenentzündung.

Wird eine Verstärkung zum »extended Trot« verlangt, muß dies unter unveränderter Weichheit des Ganges erfolgen. Ein Mitteltrab, bei dem der Reiter nicht mehr zum bequemen Sitzen kommt, ist unerwünscht. Leichttraben ist bei keiner EWU-Disziplin erlaubt, wird aber durchaus in der Lösungsphase des Pferdes benutzt, und auch der Geländereiter macht gelegentlich Gebrauch davon.

Der Jog bietet sich auch dafür an, das Geradeausreiten auf der Mittellinie zu verfeinern. Wird eine Übung vom Reiter beherrscht, kann sie anschließend in der nächsthöheren Gangart geritten werden.

Der bequeme Jog

► Hilfen im Galopp

Harmonisch gerittener Galopp

Der Galopp ist die schnellste Gangart des Pferdes, weshalb er Reitanfängern, die ihn noch nicht richtig kennengelernt haben, auch Angst einflößen kann. Dagegen ist der Galopp in freiem Gelände oder über ein Stoppelfeld einen sandigen Waldweg Wunschtraum all derer, die ihn genießen gelernt haben.

Voraussetzung, um mit dem Galopp zu beginnen ist, daß der Reiter sowohl im Schritt als auch im Trab gut sitzen kann und in der Lage ist, sein Pferd ohne wilde Zügelaktionen zum Schritt bzw. zum Stehen durchzuparieren.

Der Galopp ist keine symmetrische Gangart wie der Trab, sondern ein Dreitakt, in der Fußfolge beginnend mit dem äußeren Hinterfuß. Es folgt das diagonale Beinpaar (äußerer Vorderfuß, innerer Hinterfuß), dann der führende Vorderfuß und anschließend eine Schwebephase. Man unterscheidet zwischen Rechts- und Linksgalopp. Im Rechtsgalopp greift das rechte Beinpaar weiter vor, im Linksgalopp das linke. Der Rechtsgalopp wird in der Regel auf der rechten Hand geritten, der Linksgalopp auf der linken. Das nennt man dann jeweils Innengalopp.

Es gibt zwei Möglichkeiten, ein Pferd beim Angaloppieren zu stellen: die Außenstellung und die Innenstellung. Wichtig ist bei beiden Stellungen, daß die Schulter des führenden Vorderfußes zum Angaloppieren frei ist. Um das Verständnis zu erleichtern, wird im folgenden die Hilfengebung zum Rechtsgalopp erklärt.

Das Pferd wird nach außen gestellt, wobei die innere Schulter von Anfang an frei ist. Dies ist die bei den meisten Westernreitern bevorzugte Stellung.

Die andere Möglichkeit ist, das Pferd nach innen zu stellen, in diesem Fall nach rechts. Beim Angaloppieren geht die Hand mit dem inneren Zügel deutlich vor, so daß die innere Schuler frei wird. Das fertig ausgebildete Pferd bleibt geradegestellt und wird auf korrekte Gewichts- und Schenkelhilfen hin richtig angaloppieren. Gleichzeitig mit der Stellung belastet der Reiter seinen äußeren Sitzbeinknochen, den linken, und treibt mit dem äußeren Schenkel hinter dem Gurt, um die Hüfte des Pferdes nach rechts zu schieben. Da das Gewicht des Reiters dabei auf dem äußeren Hinterfuß lastet, wird das Pferd automatisch diesen Hinterfuß unter das verlagerte Gewicht des Reiters setzen und falls die innere Schulter frei ist, auch richtig angaloppieren. Pferde, die vom klassischen Reiten umgestellt wurden, verlangen häufig noch zusätzlich einen leichten Druck mit dem inneren Schenkel am Gurt.

Ein gravierender Fehler des Reiters ist es, beim Angaloppieren den Oberkörper nach innen vorne zu beugen. Dadurch wird die innere Schulter belastet und erschwert dem Pferd, richtig anzugaloppieren. Galoppiert das Pferd falsch an, muß es durchpariert und wieder neu angaloppiert werden. Falls man den falschen Galopp noch nicht erfühlt, kann man innen am Pferd heruntersehen. Die innere Schulter greift weiter vor als die äußere. Hinunterschauen sollte man jedoch erst nach einigen Galoppsprüngen. Wer bereits beim Angaloppieren nach unten schielt, wird durch die damit verbundene Gewichtsverlagerung die innere Schulter des Pferdes belasten.

Es gibt außer dem Außengalopp noch eine weitere Art des falschen Galopps, den Kreuzgalopp. Hierbei galoppiert das Pferd mit dem Vorderbein innen und mit dem Hinterbein außen.

Fußfolge im Rechtsgalopp

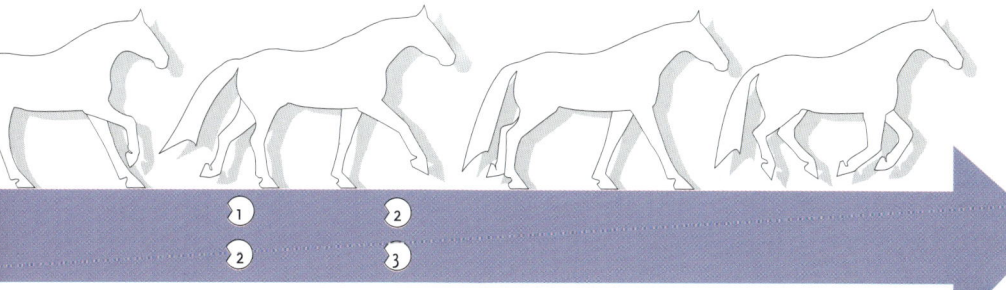

So schön kann reiten sein

Diese Galoppart wird jeder Reiter sofort an seiner großen Unbequemlichkeit erkennen.

Ideal ist es für den Reiter, das Angaloppieren auf einem gut ausgebildeten Pferd zu erlernen, weil er dann die Möglichkeit hat, dies aus dem Schritt zu tun. Im Schritt sitzt der Lernende wesentlich ruhiger und kann nicht nur seine Galopphilfe, sondern auch seinen Körper nach dem Angaloppieren besser kontrollieren, weil das Pferd gelernt hat, am losen Zügel ein gleichmäßiges Tempo beizubehalten. Ganz gleich ob diese Übung in der Bahn oder an der Longe durchgeführt wird.

Das Angaloppieren aus dem Trab kann sich für den nicht so geübten Reiter als problematisch erweisen, denn versteht das Pferd die Galopphilfe nicht, wird es immer schneller traben, so daß der Reiter Mühe hat, seinen Sitz konstant zu halten. Als Folge davon wird der Reiter durch seinen unsteten Sitz nicht mehr in der Lage sein, eine korrekte Galopphilfe zu geben.

Vielleicht galoppiert das Pferd auch irgendwann an, aber nur weil es sich sehr belästigt fühlt, was nichts mit einer Galopphilfe zu tun hat und nur durch Zufall im richtigen Galopp enden wird. Im Gelände muß darauf geachtet werden, daß der Galopp häufiger gewechselt wird. Instinktiv wird ein Pferd immer den Galopp wählen, der ihm angenehmer ist, denn auch Pferde sind Links-oder Rechtshänder. Läßt man das Pferd gewähren, immer nur seinen Lieblingsgalopp zu gehen, wird die ohnehin stärker ausgebildete Seite weiter gefördert, so daß das Pferd sich irgendwann nur noch schwer zum anderen Galopp bewegen läßt.

▶ Übergänge richtig reiten

Elegante Gangartenübergänge erfreuen Pferd, Reiter und auch vorhandene Zuschauer, ob vom Trab zum Schritt, vom Galopp zum Trab, vom Galopp zum Schritt oder auch innerhalb einer Gangart sowie das Ganze natürlich auch umgekehrt. Die kaum sichtbare Zügelhilfe und der unverändert gute Sitz des Reiters sowie taktreine Gänge vorher und nachher zeichnen einen guten Übergang aus. Natürlich sehen Übergänge bei einem bequem zu sitzenden Pferd immer besser aus als bei einem, das seinen Reiter extrem wirft. Bei vielen Pferden kann durch entsprechende Übungen zur notwendigen Versammlung und Temporegulierung die Bequemlichkeit in den Gängen verbessert werden. Wer sein Pferd nicht aus dem Schritt heraus über Gewichtshilfen sauber anhalten kann, wird entsprechend große Probleme beim Übergang von schnelleren zu langsameren Gangarten, besonders vom Galopp in den Jog/Trab haben.

Von den meisten Reitern wird der Übergang vom Galopp in den Trab bzw. Jog als der schwierigste bezeichnet. Dies liegt daran, daß die eine Gangart ein Dreitakt und die andere ein Zweitakt ist, in den sich der Reiter blitzschnell hineinfinden muß. Das Pferd muß vor allem auf einen Übergang vorbereitet sein, es darf nicht plötzlich mit den reiterlichen Hilfen überfallen werden. Das würde unweigerlich zu Taktunreinheiten führen, die vom Reiter schlecht zu sitzen sind.

Zum Wechsel in eine langsamere Gangart soll neben der leichten Zügelhilfe hauptsächlich die Gewichtshilfe bzw. die Schwerpunktverlagerung zum Tragen kommen. In welchem Maß diese Hilfe gegeben werden muß, differiert von Gangart zu Gangart und vor allem von Pferd zu Pferd.

Der Reiter muß durch sensible Hilfengebung dem Pferd vermitteln, welches die gewünschte Gangart mit welchem Tempo ist. Günstig ist es in jedem Fall, die körperliche Hilfengebung durch Stimmkommandos zu unterstützen.

▶ Der Sidepass

Mit dem Sidepass ist keine traversale Bewegung gemeint, sondern tatsächliches Seitwärtsgehen mit Überkreuzen der Beine. Der Sidepass wird ausschließlich im Schritt ausgeführt.

Die Fußfolge beim Sidepass ist die gleiche wie im Schritt. Nach rechts geritten ergibt sich diese Fußfolge:

1. der linke Hinterfuß kreuzt vor dem rechten Hinterfuß
2. der linke Vorderfuß kreuzt vor dem rechten Vorderfuß
3. der rechte Hinterfuß wird wieder rechts neben den linken Hinterfuß gestellt
4. der rechte Vorderfuß wird wieder rechts neben den linken Vorderfuß gestellt

Phase zwei und drei werden wegen der Balance des Pferdes meistens fast gleichzeitig ausgeführt.

Der Sidepass kennt verschiedene Schwierigkeitsgrade, die von der Kopfstellung des Pferdes abhängig sind.

Die einfachste Variante ist die, in der der Kopf des Pferdes von der Bewegungsrichtung weg gestellt ist. Die gerade Kopfstellung hat bereits einen erhöhten Schwierigkeitsgrad. Die Biegung in die Bewegungsrichtung ist die schwierigste.

Die ideale
Entwicklung des
Sidepass

Sidepass nach rechts:
Es kreuzen die Vorderbeine

Sidepass nach links

Es kreuzen die Hinterbeine

Der Reiter reitet mit gerade gestelltem Pferd auf dem 2. Hufschlag. Das Pferd wird durch einen leichten Zügelimpuls am äußeren Zügel und dem äußeren Schenkel hinter dem Gurt dazu veranlaßt, mit der Hinterhand nach innen zu treten und dabei das Tempo zu verringern. Der innere Schenkel öffnet die Seite, zu der das Pferd sich bewegen soll.

Gleichzeitig wird der äußere Sitzknochen belastet und das Pferd mit dem äußeren Schenkel seitwärts getrieben. Dabei sollte möglichst der Schrittrhythmus erhalten bleiben.

Wer nun aufmerksam die Kapitel über Schwerpunkt und Richtungsänderung gelesen hat, wird hier jetzt zweifeln, da die Hilfengebung der Schwerpunkttheorie zu widersprechen scheint.

Das Gewicht spielt beim Sidepass eine andere Rolle als in den Wendungen. Die dominante Hilfe ist der Schenkeldruck, dem das Pferd weicht. Durch die Gewichtshilfe außen, wird die innere Schulter frei und dem Pferd das seitliche Ausgreifen erleichtert.

Bei dieser Übung muß der Reiter unbedingt darauf achten, daß seine beiden Schultern im rechten Winkel zum Pferdekörper stehen. Wandert die innere Schulter nach hinten, wird das Pferd kaum in der Lage sein, seine Hinterhand mitzunehmen. Wandert die äußere Schulter nach hinten, wird das Pferd überdreht, d. h. die Hinterhand wird zu weit herumgeschwungen.

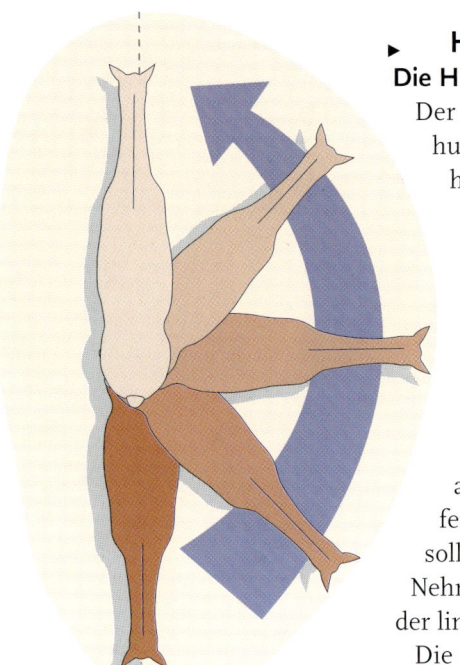

Die Hinterhandwendung

▶ Hinterhand- und Vorhandwendung
Die Hinterhandwendung

Der Westernreiter kennt mehrere Arten der Drehung auf der Hinterhand – die einfache Hinterhandwendung (Hindquarter Pivot), den Roll Back und den Spin.

Der Roll Back wird aus dem Galopp gegen den Zaun geritten und ist eine 180°-Drehung. Der Spin wird aus dem Stand geritten, kann aber in direkter Reihenfolge mehrere 360°-Drehungen haben. Eine Hinterhandwendung kann eine Drehung ab 90° haben.

Die Hinterhandwendung wird, wie jede andere Übung auch, zu Beginn besser am helfenden Zaun geritten. Bevor der Reiter beginnt, sollte er sich die Beine seines Pferdes vorstellen. Nehmen wir an, Reiter und Pferd befinden sich auf der linken Hand.

Die Bewegungsrichtung ist somit links. Der vordere Teil des Pferdes bewegt sich in diese Richtung, der hintere Teil bleibt am Ort. Stehen bleibt ausschließlich der Angelpunkt, und das sollte der innere Hinterfuß sein, in diesem Fall der linke. Der äußere Hinterfuß läuft vorwärts um den inneren herum. Bliebe der äußere Hinterfuß stehen, müßte der innere Hinterfuß rückwärts um diesen herum laufen. Das äußere Vorderbein kreuzt vor dem inneren Vorderbein.

Der Reiter verlagert sein Gewicht auf den linken Sitzknochen, um den Drehfuß durch die Belastung unten zu halten. Das rechte Bein übt Druck im Bereich der Vorderhandeinwirkung, d.h. etwas vor dem Gurt, aus, um die Vorderhand zu bewegen. Die innere Zügelhand, hier die linke, bleibt unten und gibt dem Pferd zu Beginn der Übung durch leichtes Zupfen einen Hinweis auf die Bewegungsrichtung.

Die äußere Hand, die rechte, ist etwas höher. Der äußere Zügel dient der Begrenzung des Pferdes nach vorne. Schritt für Schritt tritt das Pferd herum. Wichtig ist es, den Sitz und die Zügelhaltung bis zum vollkommenen Stillstand des Pferdes beizubehalten, ansonsten kann es passieren, daß das Pferd nach vorne oder nach hinten tritt. Es muß unbedingt darauf geachtet werden, daß das Pferd während der Übung nicht zurücktritt, denn dann würde es unweigerlich den Standfuß versetzen. Es ist nur ein schmaler Grad in der Gewichtshilfe zwischen Belastung der Hinterhand und Rückwärtstreten.

Das Pferd sollte nach der 180°-Hinterhandwendung auf der gleichen Spur wie zu Beginn der Übung stehen – jetzt natürlich in entgegengesetzter Richtung. Erst wenn die 180°-Wendungen am Zaun perfekt klappen, kann man die Übung in der Mitte der Bahn durchführen und dann auch 360°-Wendungen verlangen.

Bei der hier geschilderten Vorgehensweise handelt es sich um eine bewährte Methode zum Erlernen der Hinterhandwendung.

Trainer, insbesondere aus dem Bereich Reining, bevorzugen für den Spin, der letztendlich eine Hinterhandwendung mit Hochgeschwindigkeit in wiederholter Folge ist, eine andere Trainingsmethode.

Es ist problemlos möglich, einem Pferd, das auf oben geschilderte Art die Hinterhandwendung erlernt hat, später einen Spin beizubringen. Das Pferd, dem mit Hilfe der anderen Methode eine Hinterhandwendung beigebracht wurde, kann ebenso lernen, die Geschwindigkeit der Drehung zu reduzieren und bei Bedarf Schritt für Schritt zu arbeiten.

Der Spin – die rasante Form einer Hinterhandwendung

Genügsame Mustangs

Die Vorhandwendung

Eine Wendung auf der Vorhand gehört zu den Bewegungsabläufen, die das Pferd in der freien Natur recht selten ausführt. Das Pferd als Fluchttier konnte es sich im Überlebenskampf gegen meist sehr schnelle Gegner nicht leisten, wie bei einer Vorhandwendung nötig, sein Gewicht auf die Vorderhand zu verlagern, um sie dann wieder auf die Hinterhand zurückzubringen, um die nötige Schubkraft für die Flucht zu haben.

Lediglich bei spielerischen Drohgebärden gegenüber anderen Pferden oder, falls erforderlich, zum Auskeilen, dreht das Pferd auf der Vorderhand. Und doch lernt das Pferd die Vorhandwendung schneller als die Hinterhandwendung. In den Disziplinen Trail und in Western Horsemanship können Vorhandwendungen von 90° bis 360° verlangt werden.

Auch diese Aufgabe wird zuerst am Zaun, allerdings auf dem zweiten Hufschlag geritten, das heißt mit Abstand zum Zaun, damit sich das Pferd nicht den Kopf stößt und das Reiterbein nach der Wendung nicht zwischen Zaun und Pferd eingeklemmt werden kann.

Zu Beginn der Übung sollte der Reiter sich wieder bewußt machen, welche Aufgabe welches Bein des Pferdes hat. Bei dem folgenden Beispiel befindet sich der Reiter auf der rechten Hand. Die Bewegungsrichtung dieser Vorhandwendung ist somit rechts. Der hintere Teil des Pferdes bewegt sich in diese Richtung, der vordere Teil bleibt am Ort. Stehen bleibt ausschließlich der Angelpunkt der Wendung, das ist bei der Vorhandwendung das äußere Vorderbein, in diesem Fall das linke. Der innere Vorderfuß läuft vorwärts um den äußeren herum. Der linke Hinterfuß kreuzt vor dem rechten Hinterfuß.

Nur ein Pferd, das seine Beine gleichmäßig belastet, ist in der Lage, von Anfang an eine korrekte Drehung auszuführen, egal ob Hinterhand- oder Vorhandwendung. Bei ungleichmäßiger Belastung muß das Pferd sich erst ausbalancieren, bevor es mit der Übung beginnen kann.

Der Reiter stellt nun sein Pferd leicht nach links und verlagert das Gewicht so auf den linken Sitzknochen, daß der Drehfuß belastet wird. Ein minimales Vorgehen mit der linken Schulter erleichtert Pferd und Reiter im Anfangsstadium die Ausführung der Übung. Gleichzeitig erfolgt Druck mit dem linken Unterschenkel im Bereich der Hinterhandeinwirkung, d. h. hinter dem Gurt, um die Hinterhand nach rechts zu bewegen. Über die angenommenen Zügel wird eine unerwünschte Vorwärtsbewegung des Pferdes kontrolliert. Das andere Bein, das rechte, bleibt passiv, allerdings jederzeit bereit, korrigierend einzugreifen, wenn das Pferd z. B. versucht, seitwärts nach rechts oder rückwärts zu gehen. Die Fußfolge für die Vorhandwendung nach rechts lautet: links hinten, links vorne, rechts hinten, rechts vorne. Der linke Vorderfuß bewegt sich nicht nach vorne. Entweder dreht das Pferd nur den Huf auf der Stelle oder es hebt ihn leicht an, um ihn genau dort wieder abzusetzen, wo er gestanden hat.

Im Idealfall hat das Pferd wie bei einer Hinterhandwendung mit dem Drehfuß ein Loch gebohrt. Dies dient auch zur Selbstkontrolle für den Reiter, wenn er seine Übungen ohne Trainer durchführt.

Die Vorhandwendung

Erfolg *durch* Übung

So wie jeder ABC-Schütze nur durch stetes Wiederholen bestimmter Aufgaben lesen und schreiben lernt, wird auch jeder Sportler nur durch die Wiederholung bestimmter Lektionen zur Perfektion gelangen. Beim Reiten gestaltet sich der Weg dorthin noch schwieriger, denn hier müssen zwei Individuen den Weg dorthin finden.

Übungen sind nötig, müssen jedoch nicht zwangsläufig langweilig sein. Hat man den Sinn erfaßt, liegt es an jedem Einzelnen, mit Phantasie immer wieder neue Varianten zu entwickeln.

Hat ein Pferd den Ablauf einer bestimmten Aufgabe begriffen, wird es bei ständiger Wiederholung früher oder später anfangen, schlampig zu arbeiten. Oder aber es beginnt, eifrig mitarbeitend, einzelne Manöver vorwegzunehmen.

Alte Übungen zu neuen Pattern zu arrangieren, hilft, dem entgegenzuwirken. Gelegentlich erweist es sich bereits als nützlich, ein Pattern spiegelverkehrt zu reiten oder eine Pylone mehr als erforderlich aufzustellen und die Übung bei der vorletzten Pylone zu beenden. Der Phantasie des Reiters sind keine Grenzen gesetzt.

Zusammenspiel der *Hilfen*

▶ Freude beim Training

Nur wenig Menschen wollen reiten lernen, um den Rest ihres Lebens in einer Reithalle oder auf einem Reitplatz Kreise zu ziehen. Der Wunsch der meisten Menschen, die sich dieser Sportart zuwenden, ist, allein oder mit Gleichgesinnten durch die freie Natur zu reiten. Aber gerade das Reiten im Gelände birgt einige Gefahren und Überraschungen, die nicht unterschätzt werden dürfen, vor allem wenn Pferd und Reiter keine ordentliche Ausbildung haben und nicht gut aufeinander abgestimmt sind.

Selbst über einfache Stangen zu reiten, erfordert Übung. Ein Pferd, das im Gelände bei über den Weg liegenden Baumstämmen die Beine hängen läßt, kann sich schnell Verletzungen im empfindlichen Kronen- und Fesselbereich zuziehen.

Viele Übungen dienen auch dazu, das Körpergefühl des Reiters zu entwickeln,

Ein gehorsames Pferd meistert auch unbekannte Situationen

denn die Körpersprache des Reiters erfolgt im Sattel u.a. durch das Gewicht und dessen Verlagerung. Kein Mensch käme auf die Idee, auf einem Fahrrad oder Motorrad falsch zu sitzen. Auf dem Fahrrad oder Motorrad sitzen Menschen richtig, weil sie instinktiv wissen, daß sie umfallen, wenn sie falsch sitzen. Dem armen Pferd wird jedoch immer wieder abverlangt, die menschlichen Sitzfehler auszubalancieren, wenn es z.B. um eine Kurve galoppiert.

Übungen dienen zum einen dem Erlernen oder der Verbesserung erworbener Fertigkeiten, zum anderen dem notwendigen Aufbau der benötigten Muskulatur von Pferd und Reiter.

Nicht nur der zukünftige Turnierreiter sollte die folgenden Lektionen nutzen, auch der Freizeitreiter benötigt gute Reitkenntnisse, die durch abwechslungsreiche Übungen verbessert werden können.

Das Durchreiten von Bodenhindernissen erfordert die volle Aufmerksamkeit von Reiter und Pferd

Auf den folgenden Seiten werden einige Pattern beschrieben, die sicherlich hilfreich sind, um Einwirkungen auf das Pferd zu überprüfen und zu verbessern. Durch die Arbeit mit Fixpunkten, z.B. Pylonen, besteht außerdem die Möglichkeit der Eigenkontrolle die Präzision der Hilfengebung und ihrer Auswirkung auf das Pferd betreffend. In seinem eigenen Interesse sollte der Reiter streng mit sich selbst sein und bei Mißlingen einer Aufgabe zuerst sich selbst überprüfen, bevor er dem Pferd die Schuld gibt und es möglicherweise straft. Jede positive Reaktion des Pferdes im Training sollte mit viel Lob bedacht werden – um so freudiger wird es in Zukunft mitarbeiten.

Die Übungen in diesem Buch sollen auch Anregung sein, sich selbst neue Pattern auszudenken, die ähnliche Elemente enthalten oder später auch einen höheren Schwierigkeitsgrad aufweisen können.

Bei neuen und schwierigen Aufgaben muß sich der Reiter mit seiner Leistungsanforderung an den psychischen und physischen Möglichkeiten des Pferdes orientieren.

Volte vergrößern und verkleinern

▶ Übungen im Schritt und Trab

Die erste Übung wurde in Anlehnung bzw. zur Verfeinerung der Grundübung zur Volte auf Seite 72 – 75 ausgewählt.

Wie in der Grundübung reitet der Reiter geradeaus auf dem Hufschlag. Im Mittelpunkt der langen Seite werden Pylonen im Abstand von einem Meter aufgestellt. Der Mindestabstand zum Zaun beträgt sechs Meter, darf aber zu Beginn der Übung oder wenn diese im Trab geritten wird, auch erhöht werden.

Der Reiter, der inzwischen geübt hat, sein Pferd in einer gleichgroßen Volte zu reiten, soll jetzt hauptsächlich über seine Gewichtsverlagerung die Volte vergrößern und verkleinern. Im Zweifelsfall geht der Reiter wieder auf die Grundübung zurück, in der er ausschließlich über Gewichtsverlagerung arbeitet.

Die erste Volte führt zwischen der ersten und zweiten Pylone hindurch. Die zweite Volte durch die zweite und dritte Pylone usw., so daß die Volte langsam vergrößert wird. Hinter der letzten Pylone angekommen, werden die Volten wieder verkleinert, um letztendlich wieder auf den Hufschlag zurückzukehren.

Durch die verschieden großen Volten bekommt der Reiter außerdem ein Gefühl für gleichgroße Kreise, denn Ostereier, wie sie häufig bei solchen Übungen gesehen werden, sind keinesfalls das Ziel. Volten dieser Art sollten so lange geritten werden, bis der Reiter instinktiv weiß, wann er wirklich einen runden Kreis reitet. Der Reiter sollte sich ruhig die Mühe machen, auf einem frisch abgezogenen Reitplatz oder gar im Schnee die Spuren seines Pferdes zu verfolgen, um festzustellen, ob die Kreise auch wirklich rund waren und ob die Hinterhand tatsächlich der Vorderhand gefolgt ist.

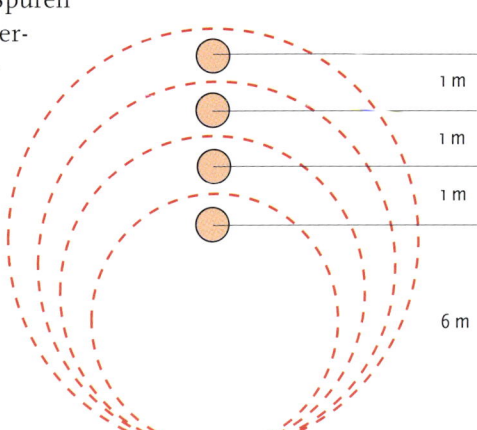

Die zweite Übung zeigt dem Reiter deutlich, was sein Pferd von dem Zusammenspiel seiner Hilfen hält, durch die er eine Richtungsänderung herbeiführen will. Das Pferd soll bei gleichbleibendem Tempo und Takt, ohne den Kopf hochzunehmen oder sich zu verwerfen, die Richtung ändern. Dazu werden je nach Bahngröße fünf oder mehr Pylonen auf der Mittellinie aufgestellt. Der Minimalabstand beträgt sieben Meter, kann aber bei Bedarf auch vergrößert werden.

Die Pylonen stellen den Mittelpunkt der jeweiligen Volte dar. Der Reiter reitet geradeaus auf die erste Pylone zu und biegt in diesem Fall rechts herum in die Volte ab. Es empfiehlt sich, anstatt einmal jeweils mindestens zweimal die Pylone zu umrunden, um sich gut in den Takt und die jeweilige Biegung hineinzufinden.

Nach einer oder zwei Umrundungen wechselt der Reiter auf die linke Hand. Dazu sitzt er zwischen den beiden Pylonen um. Das heißt, für einen minimalen Moment, maximal 4 Schritte, belastet der Reiter beide Sitzknochen gleichmäßig, beide Schenkel sind in gleicher Position am Gurt, und das Pferd ist geradeaus gestellt. Um in die Linksbiegung zu kommen, sitzt der Reiter um, d.h. er belastet den inneren, hier linken, Sitzknochen und bringt Zügel und Schenkel in die richtige Position für eine Linksbiegung. Dies wird fortgesetzt, bis die letzte Pylone erreicht ist. Es besteht die Möglichkeit, die Übung zu beenden oder auf dem gleichen Weg wieder zurückzureiten.

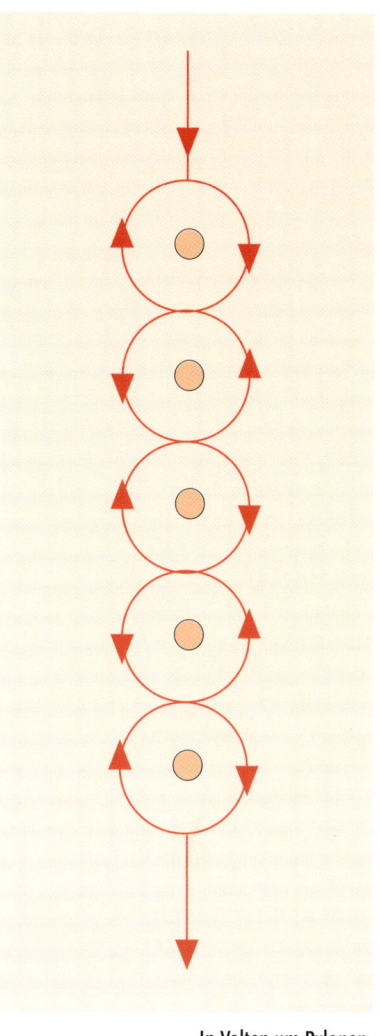

In Volten um Pylonen reiten

Wichtig: Die Volten sollen alle gleich groß sein. Der Richtungswechsel soll immer genau im Scheitelpunkt stattfinden.

Nach erfolgreicher Ausführung dieser Übung in allen Variationen im Schritt, kann diese Übung im Trab, falls erforderlich mit erweiterten Abständen, durchgeführt werden. Hierbei sollten jedoch anfangs mindestens jeweils zwei Runden in eine Richtung geritten werden.

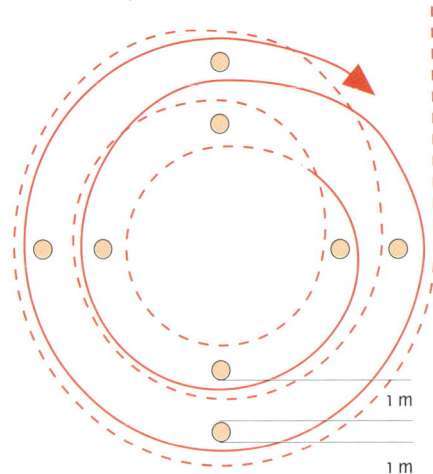

**Reiningreiter auf dem Zirkel
im Außengalopp**

Zirkel um Pylonen

1 m

1 m

▶ Der Galoppzirkel

Mit dieser Übung kann der Reiter erneut sein Feingefühl für die Schwerpunktverlagerung testen. Durch das Verkleinern und Vergrößern des Zirkels und den durch die Pylonen vorgegebenen Weg ist eine Eigenkontrolle des Reiters möglich.

Beginnend mit dem äußeren Zirkel, wird nach einer Runde der Zirkel verkleinert und eine weitere Runde auf diesem Zirkel absolviert. Nach einer Runde im inneren Kreis der Pylonen führt der Weg wieder nach außen.

Die Pylonen zeigen dem Reiter genau den Weg, so daß er selbst sofort merken wird, wenn er einen reiterlichen Fehler begeht, denn in dem Fall wird das Pferd kaum in der alten Spur weiterlaufen und den vorgeschriebenen Weg finden.

Auch wenn die vorhergehenden Übungen den Reiter bereits auf Zirkelübungen vorbereitet haben, empfiehlt es sich für den ungeübteren Reiter, diese Übung erst einmal im Schritt zu reiten. Ist die Übung in dieser Gangart perfekt, daß heißt, daß das leicht gebogene Pferd ohne größeren Zügeleinsatz in der jeweiligen Spur bleibt, wird diese Übung im Jog durchgeführt. Wer auch hier keine Probleme mehr sieht, kann seine reiterlichen Fähigkeiten im Galopp unter Beweis stellen.

Wichtig ist es, die Hinterhand durch den äußeren Schenkel hinter dem Gurt zu kontrollieren. Der innere Schenkel wird am Gurt leicht angelegt, um das innere Hinterbein zu aktivieren.

Die Vorderhand wird über die Zügel kontrolliert. Das Pferd sollte eine leichte Innenstellung haben.

Wie auch bei allen anderen Übungen, ist es unerläßlich, die Übungen auf beiden Händen, d.h. sowohl links als auch rechts herum, durchzuführen.

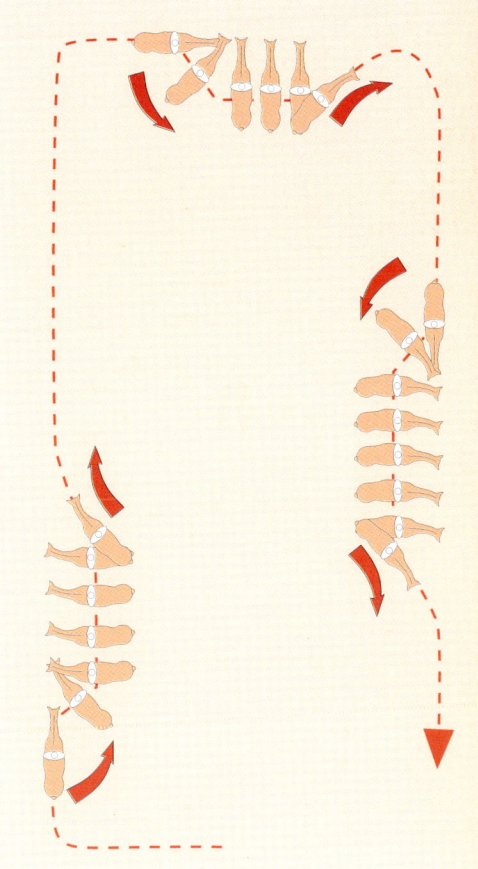

Übung für den Sidepass

▶ Einfache Übungen
Der Sidepass

Bei der aufgezeichneten Übung bewegt sich der Reiter mit gerade gestelltem Pferd um die Ecke. Das Pferd wird durch einen leichten Zügelimpuls links und einer Schenkelhilfe links dazu veranlaßt, die Hinterhand herum zu nehmen. Der rechte Schenkel öffnet die Seite. Jetzt wird der linke Sitzknochen belastet und das Pferd mit dem linken Schenkel seitwärts geschoben.

Nach einer beliebig langen Strecke wird das Pferd wieder geradeaus geritten. Diese Übung kann beliebig oft wiederholt werden, zu Beginn muß allerdings darauf Rücksicht genommen werden, daß einem Pferd, das im Sidepass noch nicht sehr geübt ist, nur wenige Schritte abverlangt werden. Die Übung wird nach einigen gut gelungenen Tritten beendet.

GALOPPWECHSEL Diese Aufgabe soll dem Reiter helfen, einen einfachen Galoppwechsel zu entwickeln. Die Volten vor und nach dem Wechsel sollen dem Reiter den Unterschied zwischen dem gebogenen und dem gerade gestellten Pferd bewußt machen. In den Pattern der Disziplin Western Horsemanship wird fast immer das Angaloppieren in einem bestimmten Galopp auf der Geraden verlangt, um festzustellen, ob der Reiter in der Lage ist, den richtigen Galopp herbeizuführen.

Ein einfacher Galoppwechsel kann über den Schritt oder über den Trab geritten werden. In diesem Fall über den Trab. Es wurde bewußt eine Diagonale gewählt, damit das Pferd nicht, wie z.B. bei einem Wechsel aus dem Zirkel, automatisch von selbst im richtigen Galopp wieder angaloppiert, weil es sich auf der entsprechenden Zirkellinie befindet.

Der korrekte einfache Galoppwechsel erlaubt eine Gangartunterbrechung durch Schritt oder Trab von maximal einer Pferdelänge. Zur eigenen Kontrolle sollten in der Diagonale Pylonen an den Stellen aufgestellt werden, an denen der jeweilige Gangartenwechsel stattfinden soll. Diese Pylonen werden immer enger zusammengestellt, bis sie dem Reiter genau die Distanz vorgeben, in der ein korrekt gerittener einfacher Wechsel zu erfolgen hat.

Damit das Pferd nicht nach mehrmaligem Üben von selbst zum Trab durchpariert, galoppiert man häufiger bis zur Ecke durch, um dann die nächste Runde auf dem Hufschlag im Schritt zu absolvieren. Generell sollte diese Übung wie jede andere auch innerhalb einer Stunde nicht zu oft wiederholt werden. Natürlich kann diese Lektion auch auf der Mittellinie geritten werden mit jeweils einer Volte am Anfang und am Ende.

WESTERN HORSEMANSHIP PATTERN Sie ist schon eine etwas schwierigere Aufgabenstellung für den Anfänger. Die drei schwarzen Punkte stellen die Pylonen dar, nach denen sich der Reiter richten soll. Geritten wird die Einzelaufgabe, wie bei der Western Horsemanship üblich, im Mittelteil der Arena. Die Pattern verlangt Linksgalopp, Stop, Hinterhandwendung 360° nach rechts, Rechts-

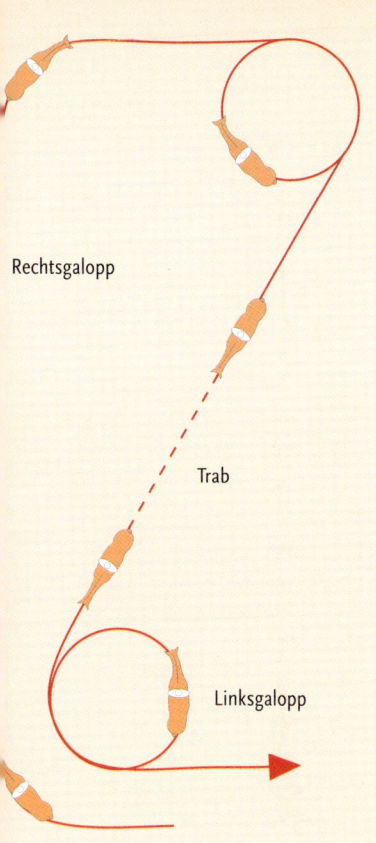

Rechtsgalopp

Trab

Linksgalopp

Einfacher Galoppwechsel über Trab

galopp, Stop, acht Schritte rückwärts. Der Reiter reitet an die erste Pylone heran und hat sich mit einem Blick zum Richter, den er durch freundliches Kopfnicken grüßt, überzeugt, daß er beginnen kann. Er hält so an, daß die Pylone auf Höhe der Vorhand steht. Bereits im Vorfeld hat der Reiter beim gedanklichen Reiten der Aufgabe festgestellt, daß er einen gewissen Seitenabstand zu den Pylonen benötigt, um auch tatsächlich genug Platz für die Hinterhandwendung zu haben.

Beim Angaloppieren muß intensiv darauf geachtet werden, daß das Pferd in einem gleichbleibenden Abstand zu den Pylonen geradeaus läuft und nicht nach rechts oder links abdriftet, der jeweiligen Stellung zum Angaloppieren folgend! Das würde als schwerer Fehler gewertet werden.

Nach dem Stop an der letzten Pylone sind acht Schritte rückwärts zu richten. Das ist eine beachtlich große Strecke, bei der dem geraden Rückwärtsrichten hohe Bedeutung zugemessen wird. Die Anzahl der Schritte wird jeweils auf das Vorderbein gezählt, das sich zuerst zurückbewegt. Schritte dürfen nicht mit Tritten verwechselt werden. Ein Schritt beim Rückwärtsrichten hat zwei Tritte, da das Pferd diagonal gleichzeitig auffußt. Nach Abschluß des Rückwärtsrichtens sieht sich der Reiter noch einmal nach dem Richter um und grüßt nochmals, wenn dieser zum Reiter sieht und nicht bereits mit der Auswertung der Übung beschäftigt ist.

Diese Pattern kann zur Übung natürlich auch erst einmal im Schritt und/oder Trab geritten werden oder später in beliebigem Mix der verschiedenen Gangarten, um die Aufmerksamkeit des Pferdes zu fördern.

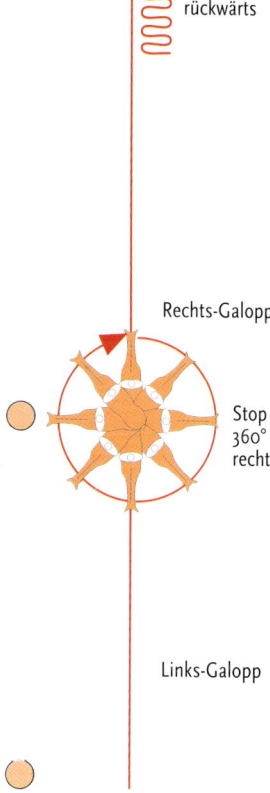

Stop
8 Schritte
rückwärts

Rechts-Galopp

Stop
360°
rechts

Links-Galopp

Western Horsemanship Pattern

▶ Trailhindernisse von einfach bis kompliziert

DIE BRÜCKE ist ein Hindernis, das nicht nur dem Turnierreiter im Parcours begegnet, sondern auch dem Freizeitreiter beim täglichen Ausritt, von der Autobahnbrücke, einer über einen Fluß führenden Straße bis hin zur kleinen Holzbrücke im Wald über einen Bach.

In der freien Natur würde ein Pferd eine Möglichkeit suchen, ein solches »Ding«, das ihm nicht geheuer ist, zu umgehen. Hätte es auch dort keine andere Wahl, würde es versuchen, das »Ding« aus verschiedenen Blickwinkeln heraus zu beäugen, vorsichtig beobachtend, ob es sich bewegt, und einen Huf darauf setzen, dann, mutig geworden, alle vier Beine, um dann möglichst schnell das Hindernis hinter sich zubringen. Wichtig ist es, dem Pferd Zeit zu geben, um sich mit der unbekannten Situation zu befassen. Das erfahrene Trail- und Geländepferd wird angesichts der Brücke seinen Kopf senken, um sie scharf zu sehen und in angemessen ruhigem Schritt über die Brücke gehen, um am Ende den Kopf wieder zu senken, um beim Heruntergehen nicht zu stolpern.

DAS VIERECK ist ein recht beliebtes Trailhindernis, das neben dem Durchreiten in verschiedenen Gangarten meistens Wendungen mit verschieden hohen Gradzahlen verlangt. Das Turniermaß liegt bei einer Seitenlänge der in quadratischer Form ausgelegten Stangen zwischen 1,70 m und 1,90 m. Zu Anfang des Trainings, insbesondere bei einem größeren Pferd, sollten die Maße großzügig verlängert werden.

Die erste Schwierigkeit bei diesem Hindernis besteht darin, beim Einreiten das

Trailhindernis
Brücke

Korrektes Anreiten der Brücke

Ruhiges Überschreiten der Brücke

Am Ende geht das Pferd mit gesenktem Kopf hinunter

Pferd im richtigen Moment anzuhalten, d. h. früh genug, bevor ein Vorderbein aus dem Viereck heraustritt, und spät genug, daß auch das vierte Bein sich im Quadrat befindet. Die Wendung im Viereck verlangt eine Mittelhandwendung, auch Flaschendrehung genannt. Im Idealfall soll sich das Pferd bei dieser Übung um seine Mitte drehen.

Der Reiter richtet sich auf und verkürzt seine Zügel so, daß er jederzeit Kontakt zum Pferdemaul hat, um das Pferd am Heraustreten zu hindern, denn jeder Schenkeldruck, auch der einseitige, wirkt treibend.

Stellt man sich vor, auf einem Bürodrehstuhl zu sitzen und diesen nach rechts drehen zu wollen, kommt der Körper automatisch in die richtige Position. Der linke Schenkel liegt weiter vorn und beeinflußt die Vorderhand, sich nach rechts zu bewegen, der rechte Schenkel befindet sich etwas weiter hinten und veranlaßt die Hinterhand, ebenfalls nach rechts zu treten. Wichtig ist dabei, daß der Reiter wirklich gerade sitzt, denn sonst könnte sich das Pferd veranlaßt sehen, vorwärts oder rückwärts zu treten.

Am Anfang empfiehlt es sich, mit einer Vierteldrehung zu beginnen, um das Pferd nicht zu überfordern. Danach erfolgt eine Steigerung. Die Umdrehung sollte mal nach rechts und mal nach links erfolgen, damit sich das Pferd nicht angewöhnt, die Übung ohne Zutun des Reiters nach dem »Ich-weiß-schon-Prinzip« in eine bestimmte Richtung auszuführen.

Das Viereck

Die Tonne: Richtige
Position einnehmen…

… die Stange aufnehmen …

… mit dem Pferd eine Volte
reiten …

TONNEN Die Aufgabe bei dem Tonnenhindernis besteht darin, daß der Reiter, wie auch auf den Fotos gut zu erkennen ist, die waagerecht auf zwei nebeneinanderstehenden Tonnen liegende Holzstange aufnimmt und damit einmal um die beiden Tonnen reitet.

Die Tonnen werden so angeritten, daß das Pferd in zwei rechten Winkeln zu der Stange steht. Das Reiterknie sollte in Höhe der Stange sein, um eine optimale Ausgangsposition zu haben. Der Reiter nimmt die Stange auf, setzt sich wieder gerade in den Sattel, reitet einen Schritt nach vorne und leitet über die Gewichtshilfe und eine äußerst minimale Zügelhilfe die Wendung ein. Die gleichmäßige Belastung des inneren Gesäßknochens bei gleich hohen Schultern und dem Blick in die Bewegungsrichtung erlauben eine gleichmäßig große Volte um die Tonne. Der stangenführende Arm bleibt dabei immer in der gleichen Position.

Auch beim Ablegen sollte korrekt im rechten Winkel zur abzulegenden Stange gestoppt werden. Die Stange wird zweckmäßigerweise immer hinter dem Schenkel abgelegt, damit sie nicht aus Versehen beim Anreiten mit dem Fuß heruntergestoßen wird. Das würde den Verlust aller zu erreichenden Punkte an diesem Hindernis bedeuten. Man kann auch die Stange so weit zurückschieben, daß sie nicht mehr übersteht.

Das Tor: Zum Öffnen steht das
Pferd parallel

... immer im gleichen Abstand zu den Tonnen ...

... und am Ende die Stange wieder ablegen

DAS TOR gehört mit zu den schwierigsten Hindernissen. Fehler, die zu Beginn des Trainings gemacht werden, können dazu führen, daß ein Pferd nie wieder an ein Tor herangeht. In insgesamt vier Variationen kann das Tor bewältigt werden: zwei Vorwärtsmöglichkeiten, zwei Rückwärtsmöglichkeiten, bei der jeweils einmal das Tor aufgezogen und einmal aufgedrückt werden kann. Bei den ersten Torübungen empfiehlt es sich, einen Helfer hinzuzuziehen, der das Tor immer in Position hält, so daß der Reiter getrost, falls erforderlich, beide Hände an die Zügel nehmen kann, um eine notwendige Richtungskorrektur vorzunehmen. Bei der ersten Vorwärtsvariante reitet der Reiter das Tor so an, daß er parallel zum Tor steht. Beim Stop befindet sich das Reiterknie in Höhe der Toröffnung. Die Zügel werden in eine Hand genommen und zwar in der Länge, daß der Reiter, falls erforderlich, gute Einwirkungsmöglichkeiten über den Zügel hat. Der Reiter öffnet

... durchreiten ...

... rückwärtsrichten ...

... und das Tor wieder schließen

Das Schlüsselloch:
Mittig vor den beiden
zu durchreitenden
Pylonen stehenbleiben..

... zum Mittelpunkt hin rückwärtsrichten ...

... kleine Wendung

das Tor und zieht es auf, während er gleichzeitig um die Ecke durch die Toröffnung reitet. Wichtig ist es, das Tor weit genug zu öffnen, daß sowohl Pferd als auch die Reiterbeine durchpassen. Der Reiter sollte jetzt nicht vor lauter Freude, das Tor geöffnet zu haben, in Richtung offene Seite reiten, sondern sein Ziel muß der zweite Torpfosten sein. Dadurch bleibt das Pferd parallel zum Tor. Das erspart dem Pferd, daß der Reiter ihm das Tor auf die Hinterhand klatscht. Wenn das Pferd froh ist, die schmale Öffnung bewältigt zu haben und in Richtung freie Sicht marschiert, ist vorprogrammiert, daß der Reiter, krampfhaft das Tor festhaltend, das Pferd durch die Gewichtsverlagerung noch mehr vom Tor wegdrückt, das sich dabei immer weiter öffnet. Hier ist es besser, das Tor loszulassen.

Kann das Hinterteil des Pferdes ohne Probleme die Öffnung passieren, ist Back Up die nächste Übung, ebenfalls parallel zum Tor, bis der Reiter mühelos das Tor schließen kann.

Zu Beginn des Trainings drehen viele Pferde ihr Hinterteil vom Tor weg, wenn der Reiter es schließt. Eine absolut natürliche Reaktion, daß das Pferd dem auf es zukommenden Gegenstand ausweichen will. Nur die Übung wird das Pferd überzeugen können, daß es sich davor nicht zu fürchten braucht.

DAS SCHLÜSSELLOCH Dieses Hindernis, das rückwärts durchritten werden muß, sieht für alle zu Beginn sehr verwirrend aus. Der Reiter reitet das Hindernis so an, daß er möglichst mit-

... um die Spitze drehen ...

... die Hinterhand in die richtige Position bringen ...

... immer aufpassen, daß keine Pylonen berührt werden ...

tig vor den ersten beiden zu passierenden Pylonen steht. Schritt für Schritt wird das Pferd mit einer leichten Schrägstellung rückwartsgerichtet, so daß sich das Pferd automatisch zwischen den beiden dahinter stehenden Pylonen einfädeln kann. Erst wenn die Vorderhand die ersten beiden Pylonen passiert hat, wird das Pferd geradegestellt. Jetzt geht es wieder rückwärts, bis die Vorhand zwischen dem zweiten Pylonenpaar steht. Erst jetzt wird die Hinterhand in Richtung Kurs um die letzte Pylone gebracht. Beim Reiten um die letzte Pylone muß darauf geachtet werden, daß die Hinterhand nicht herumschwingt und die Pylone unter den Bauch des Pferdes gerät.

... den Ausgang ansteuern ...

Hat die Vorderhand diese passiert, wird das Pferd wieder auf das Pylonenpaar in der Mitte ausgerichtet. Der Reiter verläßt dieses Hindernis mit der gleichen Ausrichtungstechnik wie beim Einreiten in das Hindernis, allerdings durch die daneben liegende Öffnung.

Zu frühe Richtungsänderungen in diesem Hindernis können dazu führen, daß die Pylonen unter dem Bauch des Pferdes verschwinden, was zu hohem Punktabzug führt. Auch dürfen die Pylonen weder berührt noch umgestoßen werden.

... und schließlich rückwärts aus dem Schlüsselloch wieder hinaus

Vier wichtige Regeln für den ersten Ausritt:

1. Den ersten Ausritt nie allein unternehmen.
2. Im gemäßigten Tempo reiten, nur Schritt und Trab.
3. Der Reiter sollte das Pferd kennen.
4. Der Reiter sollte den Weg und seine Schwierigkeiten kennen.

Entspanntes Reiten im Gelände

► Reiten im Gelände

Der Ausritt durch die freie Natur ist das Ziel vieler Menschen, die reiten lernen wollen, um so den Streß des Alltags hinter sich zu lassen. Dabei haben einige Menschen recht konkrete Vorstellungen von ihrem Traum vom Reiten.

Da sitzt dann der Reiter auf einem am losen Zügel entspannt gehenden Pferd, träumt vor sich hin oder genießt einfach nur die erwachende Natur. Der Gang des Pferdes ist angenehm weich, so daß man sich ohne Probleme den rhythmischen Bewegungen der jeweiligen Gangart des Pferdes anpassen kann. Das Pferd stolpert nicht über mögliche kleine Hindernisse, läuft nicht erschreckt vor einer auffliegenden Plastiktüte, den im Wind knatternden Bändern einer Baustelle oder überhaupt beim Anblick von irgendetwas Unbekanntem davon. Es läßt sich ohne große Einwirkungen in jede beliebige Richtung lenken. Auf eine leichte Gewichtsverlagerung und leichtes Zupfen am Zügel läßt sich das Pferd aus seinem wiegenden Galopp zum Schritt durchparieren, egal ob es allein ist oder in einer Gruppe von Pferden geritten wird.

Das ist der Idealzustand, der dem Reiter nicht nur seine Freizeit sehr angenehm gestaltet, sondern unter Umständen in unserer verkehrsreichen Zeit auch über seine Gesundheit entscheidet.

Drei Western-Turnier-Disziplinen wurden angesprochen: die Western Pleasure, die Western Horsemanship

und der Trail. Reiter und Pferde, die in diesen Disziplinen ausgebildet sind, werden ihre Ausritte mit Sicherheit genießen können.

»Wozu soll mein Pferd das können, was in Turnierdisziplinen verlangt wird?« fragt sich der Freizeitreiter, der nicht vorhat, jemals ein Turnier zu besuchen.

Wer je die Annehmlichkeiten eines Rittes auf einem in diese Richtung trainierten Pferdes genossen hat, wird die Vorzüge im Gelände zu schätzen wissen, insbesondere der, der fast ausschließlich ins Gelände reitet, und das sind sicher die meisten Reiter.

Das Pleasure-Pferd hat gelernt, am losen Zügel nicht davonzustürmen, sondern ein gleichmäßiges Tempo in allen Gangarten beizubehalten oder auch längere Zeit ruhig zu stehen.

Ein Pferd, das bei einer Straßenüberquerung, allein oder auch in der Gruppe, ruhig und aufmerksam stehen kann, bis die Straße zur Überquerung frei ist, ist in unserem dichtbesiedelten Land für einen streßfreien und gefahrlosen Ausritt auf alle Fälle notwendig.

Dem Geländereiter kommt es auf jeden Fall zugute, wenn sein Pferd ruhig stehen kann, denn trifft er jemanden, mit dem er ein paar Worte wechseln möchte, ist nichts lästiger, als wenn er dabei ständig das zappelnde Pferd im Zaum halten muß.

Mit konsequentem Training kann man jedem Pferd – gleich welcher Rasse – das ruhige Stehenbleiben beibringen.

In der Turnierdisziplin Western Horsemanship wird die Fähigkeit des Reiters, sein Pferd mit möglichst geringen Hilfen kontrolliert vorzustellen, bewertet.

Auch hier wird der Sinn vorgeschriebener Übungen von Freizeitreitern häufig unterschätzt. Warum soll ein Freizeitreiter genau und an einem bestimmten Punkt bestimmte Lektionen ausführen, man will ja schließlich kein Turnier reiten?

Doch gerade im Gelände ist oft schnelles Reaktionsvermögen des Reiters und ein schnelles Reagieren des Pferdes auf die Reiterhilfen gefordert. Situationen, in denen plötzlich Fußgänger auf Reitwegen auftauchen oder Autos Wege versperren, sind nicht selten. Wie angenehm ist in einer solchen Situation ein gut gerittenes und leicht kontrollierbares Pferd, das dem Willen des Reiters sofort gehorcht und bei dem das Durchparieren zum Schritt mit einer leichten Hilfe erfolgt.

Auf leichte Gewichtshilfen sollte das Pferd in eine Biegung gehen oder einen Kreis, beliebig klein oder groß je nach Hilfe des Reiters, ausführen.

Horsemanship-Übungen sind für den Freizeitreiter wichtig, um sich selbst zu kontrollieren und sein Pferd kontrollierter reiten zu können. Der Reiter kann an seinen Hilfen arbeiten, indem er versucht, die Übungen präzise auszuführen. Das kann man erreichen, indem man sich ein konkretes Ziel sucht. Die Übung heißt dann nicht mehr, dahinten will ich angaloppieren oder zum Schritt durchparieren, sondern am 5. Baum links. Ebenso eignet sich das natürliche Gelände zum Üben von Wendungen.

Checkliste Geländeritt

☐ Ausrüstung vor dem Ritt überprüfen (z.B. brüchiges Leder, Kunststoffgurte mit zu großen Löchern).

☐ Hufe und Beschlag (falls vorhanden) vor dem Ritt überprüfen.

☐ Hufkratzer nicht vergessen.

☐ Möglichst nie alleine ausreiten. Wenn man alleine ausreitet, sollte man genau bekanntgeben, wohin man reitet. (Ein Handy kann im Notfall eine wertvolle Hilfe sein.)

☐ Bei Ritten, die in der Dämmerung oder Dunkelheit enden können, Beleuchtung mitnehmen.

☐ Bei Dämmerung Vorsicht an Hochsitzen.

☐ Fußgänger, Fahrradfahrer und andere Reiter nur im Schritt passieren und grüßen.

In der Turnierdisziplin Trail wird vom Pferd ein hohes Maß an Geschicklichkeit gefordert. In manchen Fällen muß das Pferd zentimeterweise Schritt für Schritt seine Beine setzen können. Soweit braucht der Freizeitreiter nicht zu gehen.

Ein Trailpferd sollte immer durch den Reiter kontrollierbar sein, es sollte willig sein und im Bedarfsfall selbständig ein Hindernis taxieren und bewältigenen können. Es sollte in jeder Situation entspannt sein und ruhig und gelassen bleiben, damit es seine Aufgaben locker ausführen kann.

Bei schwierigen Hindernissen empfiehlt es sich, am Anfang an einem möglichst sicheren Ort zu trainieren, d.h. in einem eingezäunten Bereich. Daß manche Situationen und Hindernisse nur im Gelände vorkommen, ist klar, aber ein Pferd, das durch heimisches Training auf viele Möglichkeiten vorbereitet wurde, wird auch im Gelände ganz anders reagieren, da sein Selbstbewußtsein sich durch die Übungen erheblich steigern läßt.

Bergabreiten will gelernt sein

Das An- und Ausziehen von Jacken und Mänteln kann geübt werden, wobei das Pferd gelassen mit den Zügeln auf dem Hals stehen sollte, während der Reiter sich umzieht oder eine Karte ausbreitet. Ein auf Ground Tying (das Pferd bleibt mit auf den Boden gelegten Zügeln alleine stehen) trainiertes Pferd wird sicherlich auch im Gelände nicht gleich davonlaufen, wenn eine Situation den Reiter veranlaßt abzusteigen.

Zu Hause geübtes gerades Rückwärtsrichten zwischen zwei am Boden liegenden Hindernisstangen erleichtert beispielsweise, aus einem schmalen Weg, der evtl. sogar durch Stacheldraht begrenzt ist, gefahrlos rückwärts wieder herauszukommen. Das Vorbeireiten an Flatterbändern, Überschreiten von Folien, Ziehen eines Gegenstandes usw. hilft dem Pferd, schwierige Situationen einzuschätzen und seine Angst zu überwinden.

Das Ziel der hier angesprochenen Ausbildung sollte absolute Harmonie zwischen den beiden Freizeitpartnern sein.

Wer im Gelände reitet, sollte entweder sein Pferd gut kennen oder wissen, wie geländesicher das Pferd ist. Unerfahrene Pferde überläßt man im Gelände erfahrenen Reitern. Beim Reiten in der Gruppe sollte das sicherste Pferd vorne gehen und ein weiteres sicheres Pferd den Abschluß der Gruppe bilden.

Daß Pferde im Gelände und in der Gruppe anders reagieren können als in der Reithalle beim Training, sollte jedem Reiter bewußt sein. Ein Pferd, das sich problemlos in der Halle galoppieren läßt, kann plötzlich im Gelände in der Gruppe, sprich Herde, einen für den Reiter äußerst ungemütlichen Vorwärtsdrang entwickeln. Der Reiter ist auf öffentlichen Straßen Verkehrsteilnehmer im Sinne des Straßenverkehrsrechts. Daher muß er auf der rechten Seite, d.h. in Fahrtrichtung reiten. Es wird mit einer Pferdelänge Abstand geritten. Das Reiten in der freien Natur wird durch Landesgesetze geregelt. In allen Gesetzen ist jedoch der Passus zu finden, daß generell ausschließlich auf befestigten Wegen geritten werden darf. Auf Seitenstreifen darf nur geritten werden, wenn Fußgänger und andere Verkehrsteilnehmer nicht belästigt werden und der Seitenstreifen befestigt ist.

Wasserdurchquerung gehört dazu

Ein Ausritt in der
Gruppe ist ein tolles
Erlebnis

Auf Wegen mit blauen Gebotsschildern für Fußgänger und Fahrradfahrer darf nicht geritten werden. Nicht für Reiter gilt jedoch das weiße Verbotszeichen mit rotem Rand, es sei denn, ein Reiter ist darauf abgebildet.

Alkoholisierte Reiter können ebenso wie jeder Autofahrer den Führerschein verlieren. In der Dunkelheit sind sie verpflichtet, sich zu beleuchten. Dafür sind im Fachhandel spezielle Stiefellampen erhältlich, die nach vorne gelb oder weiß und nach hinten rot leuchten. Leuchtgamaschen an den Pferdebeinen erhöhen die Sicherheit, da sie von Autofahrern wesentlich früher erkannt werden.

Nach der Straßenverkehrsordnung sind Pferde nur dann auf der Straße zugelassen, wenn sie von geeigneten Personen begleitet werden, die ausreichend auf sie einwirken können. Das heißt, daß Reiter, deren Reitkenntnisse nicht ausreichen, ein Pferd in jeder Situation kontrollieren zu können, im Straßenverkehr nicht zugelassen sind. Ebenso verbietet der Gesetzgeber das Reiten auf öffentlichen Straßen und Wegen mit autoscheuen und übernervösen Reitpferden.

▶ Das EWU-Westernreitabzeichen

Seit 1993 gibt es auch für Westernreiter die Möglichkeit, das Reitabzeichen in Bronze zu erwerben.

Die Theorie beinhaltet Kenntnisse über die Anatomie des Pferdes, Rassekunde, Pferdekrankheiten, Haltung, Fütterung und Pflege des Pferdes, Unfallverhütung, Grundkenntnisse des EWU-Regelbuchs und zur Organisation der Westernreit- und Zuchtverbände, Bestimmungen zum freien Reiten in der Landschaft und Tierschutz im Pferdesport.

Für die schriftliche Prüfung werden aus einem Fragenkatalog mit etwa 400 Fragen aus allen Wissensgebieten 20 Fragen ausgewählt, von denen mindestens 15 Fragen richtig beantwortet werden müssen.

Ein Nachweis über einen Kurs zu »Sofortmaßnahmen am Unfallort«, der nicht älter als zwei Jahre sein darf, ist zwingend vorgeschrieben.

In der Praxis werden die Disziplinen Trail, Western Horsemanship und ein Geländeritt verlangt. Der Trailparcours beinhaltet sechs Hindernisse mit den zwei Pflichthindernissen: ein Walk- oder Trot-Over und Rückwärtsrichten durch ein Hindernis.

Während die Trailaufgaben meist nach einigem Training zufriedenstellend gelöst werden können, wird die Horsemanship-Aufgabe von den Teilnehmern leicht unterschätzt. Wer allerdings diesen Prüfungsteil nicht besteht, wird erneut zur Prüfung antreten müssen.

Die Western-Horsemanship-Aufgabe muß auswendig geritten werden. Beurteilt werden hier Sitz des Reiters, Einwirkung des Reiters auf das Pferd, Korrektheit der Hufschlagfiguren und die Übergänge in die einzelnen Gangarten.

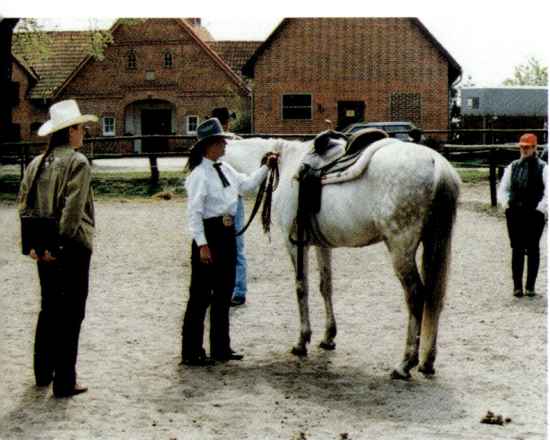

Die mündliche Prüfung erfordert gute theoretische Kenntnisse

Korrektes Verhalten im Straßenverkehr gehört zur Geländeprüfung

Eine weitere Schwierigkeit ergibt sich häufig daraus, daß bestimmte Aktionen an bestimmten Stellen durchgeführt werden müssen, d.h. man darf nicht irgendwo anhalten, sondern präzise an einem bestimmten Ort. Insbesondere auch beim einfachen Galoppwechsel ist Durchparieren genau am Wechselpunkt gefragt, um dann mit einem korrekt gestellten Pferd im richtigen Galopp neu anzugaloppieren.

Beim Reiten auf der Mittellinie der Bahn muß genau auf der Mittellinie geritten werden und nicht rechts oder links daneben. Die Linie sollte gerade geritten werden und nicht in Schlangenlinien. Neben dem korrekten Reiten der Pattern ist die Arbeit an diesen Problemen mit ein Schwerpunkt für die Ausbildung zur Prüfung.

Im Gelände müssen Kenntnisse zum Verhalten im Straßenverkehr und Gruppenreiten in allen Gangarten nachgewiesen werden. Jeder Prüfling sollte die Gruppe führen können und in der Lage sein, sein Pferd in jeder beliebigen Gangart von der Gruppe wegzureiten. Die Beschaffenheit des Geländes am Trainingsstall entscheidet jedoch

Das Westernreitabzeichen

letztendlich darüber, was aus dem Prüfungs-Katalog verlangt werden kann. Wo kein Berg ist, kann auch keiner geritten werden, und auch das fließende Gewässer ist nicht bei jedem Trainingsstall vorhanden und wenn, ist es häufig aus naturschützerischen Gründen oder durch Landesgesetz verboten, das Gewässer zu durchreiten.

Empfehlenswert ist das Ablegen des EWU-Westernreitabzeichens besonders für Westernreiter, die sich zukünftig auf Turnieren messen wollen, da die Prüfungsabnahme unter Turnierbedingungen erfolgt, so daß die erforderlichen Kenntnisse hierfür in Theorie und Praxis in den Reitabzeichen-Kursen vermittelt werden.

Aber auch der Freizeitreiter profitiert sicherlich von einem solchen Kursus. Die Prüfungsvorbereitung erweitert u.U. nicht nur sein theoretisches Wissen, sondern ermöglicht ihm auch durch Hinweise des Trainers die Verbesserung seiner Reitweise.

▶ **Das erste Turnier**

Was als Freizeitreiterei begonnen hat, entwickelt sich gelegentlich
in Richtung Turniersport weiter, weil Pferd und Reiter beachtli-
che Fortschritte gemacht haben, so daß man sich dem Vergleich
mit anderen Reitern stellen möchte.

Wichtig ist neben dem Training von Reiter und Pferd, sich
zunächst mit den Turnierrichtlinien der einzelnen Verbände vertraut zu machen. Den Regelbüchern der Verbände ist zu entnehmen, unter welchen Voraussetzungen man in welchen Disziplinen starten darf.

Für den Start in den Turniersport ist ein überschaubares kleines Turnier mit wenigen Disziplinen sicherlich geeigneter als ein
mehrtägiges Großturnier, dem Anfängerklassen angegliedert sind.
Neben der trainingsmäßigen Vorbereitung auf ein Turnier zahlt
sich eine sorgfältige organisatorische Vorbereitung auf jeden Fall
aus. Wenn man die Kosten (Startgebühren, Paddockkosten, Fahrt-
kosten, Verbandsmitgliedschaft usw.) und den Zeitaufwand, mit
denen ein solcher Turnierstart verbunden ist, bedenkt, ist nichts
ärgerlicher als aufgrund mangelhafter Vorbereitung im Vorfeld

(fehlerhafte Nennung, fehlende Unterlagen, fehlende Ausrüstung etc.) auszuscheiden.

Wer nicht gelernt hat, eine Pattern zu lesen, um sie dann korrekt reiten zu können, hat schlechte Karten. Verreiten aus lauter Nervosität kann schon einmal vorkommen, läßt sich aber durch sorgfältige Vorbereitung auf die Prüfung fast immer vermeiden.

Die klassischen Einsteigerdisziplinen sind Trail und Western Horsemanship, für die Western Pleasure ist nicht jedes Pferd geeignet.

Es ist keineswegs so, daß ein Pferd, welches sich unter dem Reiter in den drei Grundgangarten bewegen kann, auch prädestiniert ist, eine Western Pleasure erfolgreich zu bestreiten.

Ein Pferd, das im Wald jedes Naturhindernis mühelos überwindet, muß nicht zwangsläufig jeden Trail auf einem Turnier bewältigen können, denn dort wird zum Teil zentimetergenaue Präzisionsarbeit an den Hindernissen verlangt.

Auch die Western Horsemanship, so einfach sie korrekt geritten aussieht, setzt präzises Reiten voraus. Sitz, Hilfengebung und die Fähigkeit des Reiters, sein Pferd kontrolliert vorzustellen, werden bewertet.

Wer sich den Anforderungen einer Western Horsemanship-Aufgabe nicht gewachsen fühlt, sollte an eine Reining gar nicht erst denken, denn Reining ist Präzisionsarbeit mit hoher Geschwindigkeit.

Die Bekleidungsvorschriften beim Westernreiten lassen viel Spielraum für den persönlichen Geschmack. Eine saubere, gepflegte Ausrüstung für das Pferd und den Reiter sollten eine Selbstverständlichkeit sein.

Das Ziel auf einem Turnier sollte nicht allein das Erreichen einer Schleife sein, sondern das wachsende Können und das korrekte Reiten auf dem eigenen Pferd. Wenn es nicht zu einer Plazierung gereicht hat, so kann man jedoch unter Umständen den Parcours mit dem Gefühl verlassen, mit seinem Partner Pferd einen guten Ritt gezeigt zu haben, auch wenn diesmal vielleicht bessere und erfahrenere Reiter am Start waren, die sich auch plazieren konnten. Dazu hat man vielleicht auch die eine oder andere eigene Schwäche erkannt und weiß, woran man zu Hause weiter arbeiten muß.

▶ Die Westerndisziplinen
Showmanship at Halter

In dieser Prüfung werden ungesattelte Pferde mit Halfter und Führleine präsentiert. Bewertungskriterium ist die Arbeit des Vorführers und nicht etwa das Gebäude des Pferdes wie in einer Halter-Prüfung.

Bewertet werden u.a. die saubere, korrekte Kleidung des Vorführers, der Pflegezustand des Pferdes und das Vorführen des Pferdes. Verlangt wird das korrekte Führen und blitzschnelle Aufstellen des Pferdes, bei dem alle vier Beine gleichmäßig belastet werden sollen. Die Pattern kann außerdem verlangen, einige Meter gerade rückwärtszurichten, das Pferd korrekt auf der Hinterhand zu drehen, anzuhalten und aus dem Stand anzutraben. Dabei darf weder am Führstrick gezogen oder gezerrt, noch das Pferd berührt werden. Während der ganzen Vorstellung muß der Vorführer eine vorgeschriebene Position zum Richter und zum Pferd einnehmen. Wichtig ist der positive Gesamteindruck.

Western Pleasure

Western Horsemanship

Die Western Horsemanship ist eine Reiterprüfung, bei der Sitz, Hilfengebung und die Fähigkeit des Reiters, sein Pferd kontrolliert vorzustellen, bewertet werden. Die Einzelaufgabe unterliegt keinen bestimmten Vorschriften, was in ihr enthalten sein soll.

Showmanship at Halter　　　　　　　　　**Trail**

Die Pattern können das Angaloppieren im Rechts- oder Linksgalopp, Stops aus allen Gangarten, Rückwärtsrichten, Hinter- und Vorhandwendungen, Galoppvolten, Galoppwechsel und vieles andere mehr verlangen.

Geritten wird diese Einzelaufgabe in der Regel in der Mitte der Bahn, Pylonen markieren die Stellen, an denen ein bestimmtes Manöver ausgeführt werden soll.

Nach der Einzelaufgabe verteilen sich alle Reiter oder die, die nach Meinung des Richters für eine Plazierung in Frage kommen, auf dem Hufschlag und stellen ihre Pferde auf jeder Hand in allen drei Gangarten vor.

Western Pleasure

Die Western Pleasure ist eine Gruppenprüfung. Die Bewertungskriterien sind: Bequemlichkeit und Taktreinheit der Gänge, Weichheit der Übergänge zwischen den Gangarten und die technisch fehlerfreie Vorführung am losen Zügel ohne deutliche Hilfengebung des Reiters.

Natürlich sollte ein Pleasure-Pferd auch keine Probleme haben, beim Line-Up ruhig und gelassen zwischen den anderen Pferden zu stehen.

Trail

Der Trail ist der Hindernisparcours der Westernreiter. Trailreiten ist Technik und erfordert ein nervenstarkes, gehorsames, rittiges Pferd. Das Pferd soll am losen Zügel, den kaum sichtbaren Hilfen seines Reiters folgend, die Hindernisse voll Vertrauen und selbständig mitdenkend überwinden.

Bei allen Verbänden sind drei Pflichthindernisse vorgeschrieben. Zu ihnen gehören das Tor und vier Stangen, die im Schritt, Trab oder Galopp überwunden werden müssen. Sie können gerade oder auch fächerförmig gelegt werden oder so, daß die Stangen diagonal passiert werden müssen. Unvorschriftsmäßiger Gangartwechsel bringt Punktverlust mit sich.

Sliding Stop

Das dritte Pflichthindernis ist das Rückwärtsrichten. Dies kann in einem L-, Z- oder U-förmigen Hindernis verlangt werden, aber auch durchaus in Schlangenlinien durch Blumengestecke oder Pylonen.

Eine Brücke, eine Plane, ein Wassergraben oder manchmal eine Wippe sind gängige Hindernisse im Trail-Parcours.

Das Ground-Tying kann ebenfalls zum Repertoire eines Trail-Parcours gehören. Hierbei steigt der Reiter ab, geht um sein Pferd herum oder entfernt sich sogar von ihm.

Western Riding

In der Western Riding möchte der Richter ein sensibles, sich mühelos be-

wegendes Pferd von hoher Durchlässigkeit sehen. Das Tempo soll bei allen Manövern gleich bleiben, ob nun beim Galoppieren über die Stange oder bei punktgenauen fliegenden Galoppwechseln. Für diese Prüfung gibt es verschiedene Pattern.

Reining

Die Western-Dressurdisziplin heißt Reining. Das Pferd soll hier seine Rittigkeit unter Beweis stellen. Großer Wert wird auf Schnelligkeit, Wendigkeit und Exaktheit bei der Ausführung der verlangten Manöver gelegt.

Langsame oder sehr schnell gerittene Zirkel mit deutlich sichtbarem Tempounterschied am losen Zügel geritten (Speed Control), fliegende Galoppwechsel, Roll Backs und Spins sowie Sliding Stops werden verlangt.

Eine Gebißkontrolle durch den Richter am Ende der Prüfung oder bei größeren Shows auch außerhalb der Arena gehört zur Prüfung.

Ein gutes Trailpferd geht durch jeden Wassergraben

Superhorse

Diese EWU-Prüfung besteht aus Elementen der Prüfungen: Trail, Western Riding, Reining und Western Pleasure. Pferde ab vier Jahren sind startberechtigt.

Cutting

Beim Cutting befindet sich eine ganze Herde Rinder in der Bahn. Eines der Rinder wird vom Reiter vorsichtig aus der Herde herausgetrieben, ohne daß die ganze Herde in Bewegung gerät. Sobald das Rind in Position ist, das heißt, weit genug aus der Herde heraus, senkt der Reiter seine bis dahin hohe Zügelhand, und das Pferd beginnt mit dem Rind zu arbeiten. Es soll jetzt ohne Einwirkung des Reiters das Rind daran hindern, wieder zur Herde zurück zu laufen.

Beim Cutting hat der Reiter vier Helfer. Die zwei Turnbackmen stehen rechts und links der Mitte der Arena und treiben dem Cutter das Rind wieder in Richtung Herde zu. Die zwei Cornermen stehen rechts und links vor der Herde und sorgen dafür, daß die Herde zusammenbleibt. Diese vier Helfer sucht sich der Reiter aus den wartenden Konkurrenten aus. Es ist eine Ehrensache

für jeden Helfer, den jeweiligen Reiter bei der Rinderarbeit so gut wie möglich zu unterstützen. Bei dieser Disziplin darf sich der Reiter mit einer Hand am Sattelhorn festhalten, da die Sprünge des Pferdes nach rechts und links nicht vorhersehbar sind, weil es blitzschnell den Bewegungen des Rindes folgt.

Working Cowhorse

Die Working Cowhorse besteht aus zwei Teilen: der Reining und der Arbeit mit einem Rind. Nachdem der Reiter seine Dry Work (die Reining) absolviert hat, folgt die Fence Work. Ein Rind wird

► Checkliste Turnier

☐ Sind evtl. erforderliche Mitgliedschaften vorhanden?	☐ Checkliste anfertigen für mitzunehmende Gegenstände
☐ Stimmt der Status auf der Mitgliedskarte?	☐ Pad waschen
☐ Ist das Pferd falls erforderlich beim Verband eingetragen?	☐ Sattel und Zaumzeug auf Vollständigkeit überprüfen
☐ Wurden die Nennungsformulare rechtzeitig und korrekt ausgefüllt weggeschickt? Ist das Pferd incl. Turnierrisiko haftpflichtversichert?	☐ Sattel und Zaumzeug pflegen
	☐ Blusen, Hemden, Hosen waschen und/oder reinigen lassen; auf Löcher und Risse durchsuchen
☐ Hufschmied zum Trimmen bzw. Beschlagen der Hufe bestellen	☐ E-Gerät überprüfen und evtl. aufladen
☐ Hat das Pferd die erforderlichen Impfungen?	☐ Putzkasten und Pflegemittel auf Vollständigkeit überprüfen

Mit den Pferden der
Sonne entgegen

in die Bahn gelassen, und der Reiter beginnt mit dem Boxing. Er
hält das Rind durch cutting-ähnliche Manöver auf der kurzen Seite, um es dann an der langen Seite der Arena entlang laufen zu
lassen und es zweimal gegen die Wand zu stoppen und zu wenden. Anschließend soll das Rind in der Mitte der Arena nach
rechts und nach links gezirkelt werden.

Dem Reiter stehen für die Durchführung der Fencework
zwei Minuten zur Verfügung. Hier wird die Willigkeit, der Gehorsam des Pferdes, sein Cowsense und die Fähigkeit, das Rind
zu kontrollieren, bewertet.

Serviceteil

KLEINES LEXIKON WESTERNREITEN

AQHA Punkte	Punkte, die auf anerkannten AQHA-Turnieren nach einem im AQHA-Regelbuch festgelegten Punktesystem ermittelt werden
AQHA World Championship	Weltmeisterschaft der AQHA, die jedes Jahr im November in Oklahoma City ausgetragen wird
Back	Kommando zum Rückwärtsrichten
Back Cinch	hinterer Bauchgurt, der das »Hochklappen« des Sattel verhindern soll
Bars	beidseitige Auflageflächen des Sattels, Trachten
Bay	rotbraunes Pferd mit schwarzer Mähne und schwarzem Schweif
Bit	Oberbegriff für alle Gebisse, gebräuchliche Unterteilung: Snaffle Bit, Snaffle Bit with Shanks und Bit
Bit	ungebrochene Kandare
Blanket	Zeichnungsmuster beim Appaloosa mit deckenartiger weißer Zeichnung auf der Kruppe
Bosal	stabiles, flexibles Nasenband aus Rohhaut oder Leder, Bestandteil der klassischen Hackamore
Bull Snap	Elefantenhaken, besonders massiver Anbindehaken
Cantle	hintere Sitzkante des Westernsattels
Conventional Rigging	traditionelle Befestigung der Gurtungsringe direkt am Sattelbaum
Cornermen	zwei Helfer des Cuttingreiters, die rechts und links der Herde stehen, um diese zusammenzuhalten
Cutting	Rinderdisziplin, bei der ein einzelnes Rind aus der Herde ausgesondert wird
Dry Work	»Trockenarbeit«, Bestandteil der Disziplin Working Cowhorse, Reining-Teil
EWU-C-Turnier	EWU-Landesverbandsturnier
EWU-D-Turnier	Playday, unterste Kategorie der EWU-Turniere
Fence Work	»Zaunarbeit«, Bestandteil der Disziplin Working Cowhorse, Arbeitsteil mit dem Rind
Fork	vordere Gabelung des Sattels unter dem Horn
Ground Tying	Aufgaben im Trail, das Pferd muß nach dem Absteigen des Reiters ohne angebunden zu werden, dort stehenbleiben, wo es abgestellt wurde
Hindquarter Pivot	Hinterhandwendung
Inch	altes angloamerikanisches Längenmaß, das dem englischen Zoll entspricht. 1"(inch) = 2,54 cm
Latigo	Gurtungsriemen für den Sattelgurt auf der linken Seite des Pferdes, korrekt Tie-Strap genannt, meistens aus Latigo-Leder hergestellt
Lead Snap	mit einer Hand zu öffnender Haken an Führstricken und Führketten
Leopard	Zeichnungsmuster beim Appaloosa, Tigerschecke, weißes Pferd mit dunklen Flecken
Line-Up	in der Bahnmitte nebeneinander aufstellen am Ende einer Prüfung

Neckreining	das Pferd wird nicht über direkten Zügelkontakt im Maul gelenkt, sondern in einhändiger Zügelführung, indem das Pferd dem äußern Zügel, der seinen Hals berührt, weicht
Off-billet	Gurtungsriemen für den Sattelgurt auf der rechten Seite des Pferdes
Out of Pattern	die Pattern (Aufgabe) wurde nicht erfüllt, was je nach Regelbuchangabe eine Disqualifikation oder No Score (0 Punkte) nach sich ziehen kann
QH-EM	Europameisterschaft, bei der ausschließlich Quarter Horses zugelassen sind
Reining	Westerndressur
Rigging	Gurtbefestigung, die entweder direkt am Sattelbaum angebracht wurde (Conventional Rigging) oder in den unteren Lederteilen des Sattels (Inskirt Rigging)
Roll Back	Wendung auf der Hinterhand um 180° aus dem Laufen heraus
Romal	Peitschenartige Verlängerung der kalifornischen Zügel
Romal reins	geschlossene kalifornische Zügel
Rope	Seil, Strick, Wurfseil der Cowboys, in Deutschland auch Lasso genannt
Roper	Reiter, der Roping Disziplinen bestreitet, aber auch Bezeichnung für einen Roping-Sattel
Run Down	der schnelle gerade Galopp vor dem Sliding Stop
Shanks	Hebelarme bzw. Anzüge am Gebiß
Shockpad	Pad mit Zwischeneinlage, die stoßdämpfende Wirkung hat
Sliding ear	Einohrzaum, dessen Ohrteil sich verschieben läßt
Sliding Stop	Anhalten aus dem Galopp, wobei die Hinterhand mit arretierten Beinen tief untersetzt und die Vorderbeine weiterlaufen
Snaffle (Bit)	Wassertrense
Snaffle (Bit) with Shanks	gebrochenes Gebiß mit Anzügen
Snowflake	Zeichnungsmuster beim Appaloosa, dunkles Pferd mit hellen Flecken
Speed-Control	Geschwindigkeitskontrolle beim Reiten auf den Zirkeln in der Reining
Spin	flache Hinterhandwendung von 360° in wiederholter Folge mit Hochgeschwindigkeit, Element der Disziplin Reining
Split reins	geteilte Zügel des Westernreiters
Swells	seitliche Wülste des Sattels an der Fork unterhalb des Horns
Tie-strap	Gurtungsriemen für den Sattelgurt auf der linken Seite des Pferdes, meistens aus Latigo-Leder hergestellt
Trot-Over	Hindernis im Trail, im Trab zu überreitende am Boden liegende Stangen
Turnbackmen	zwei Helfer des Cuttingreiters, die an der Mittellinie der Arena stehen und dem Starter helfen, das Rind in Bewegung zu halten und es notfalls wieder auf ihn zutreiben, damit er weiter arbeiten kann
Walk-Over	Hindernis im Trail, im Schritt zu überreitende am Boden liegende Stangen
Western Horsemanship	Prüfung, bei der Sitz des Reiters und Handhabung des Pferdes beurteilt werden
Whoa	Kommando zum Anhalten
Working Cowhorse	Rinderdisziplin, die aus zwei Teilen besteht, der Dry Work und der Fence Work

WESTERNREITVERBÄNDE

APHA   Amerikanischer Mutterzuchtverband für Paint Horses

American Paint Horse Association
P.O. Box 961023
Fort Worth, Texas 76161
USA
Tel. 001-817-834-2742

ApHC   Amerikanischer Mutterzuchtverband für Appaloosas

Appaloosa Horse Club
P.O. Box 8403
Moscow, Idaho 83843
USA
Tel. 001-208-882-5578

AAA   Anschlußverband des ApHC in Österreich
Hauptstr. 156
A – 2392 Sulz / Wienerwald
Tel. 02238-83 13

ApHCG   Anschlußverband des ApHC in Deutschland
Wanda-Lee Stiller, Presse und PR
Niedersachsenstr. 68
21423 Winsen / Luhe
Tel. 04171- 63 153
Fax 04171- 63 153

AQHA   Amerikanischer Mutterzuchtverband der Quarter
Horses

American Quarter Horse Association
P.O. Box 200
Amarillo, Texas 79168
USA
Tel. 001-806-376-4811

DQHA   Deutscher Anschlußverband der AQHA

Deutsche Quarter Horse Association
Landstraße 7

63939 Wörth am See
Tel. 09372-5031
Fax 09372-5033

AWA   Austrian Western Association
Hauptstr. 40
A – 2392 Sulz
Tel. 02238-84 84
Fax 02238-85 45
Pferde aller Rassen sind auf Turnieren zugelassen

EWU   Erste Westernreiter Union Deutschland e.V.
Dachverband der Westernreiter, Anschlußverband der
Fédération Equestre National (FN)

Pferde aller Rassen sind auf Turnieren zugelassen

EWU-Servicebüro Borchert
Dorfstr. 5
56305 Niederähren
Tel. 02684-979098
Fax 02684-979173

FEWI   Federation Equestrian Western International

Zusammenschluß der europäischen Westernverbände

NCHA   Amerikanischer Cutting-Mutterverband
National Cutting Horse Association
4704 Highway 377 South
Fort Worth, Texas 76116
USA
Tel. 001-817-244-6188

NCHA of Germany   National Cutting Horse Association of Germany

Geschäftsstelle
Holger Wiederhold
47626 Kevelaer
Tel. 02838-94 41
Deutscher Anschlußverband der NCHA

NRHA   Amerikanischer Reining-Mutterverband
National Reining Horse Association

NRHA Germany	Deutscher Anschlußverband der NRHA
	National Reining Horse Association Germany
	Amtsgarten 3
	63916 Amorbach
	Tel. 09373-7100
	Fax 09373-7190

ARHA
Österreichischer Anschlußverband der NRHA
Austrian Reining Horse Association
Geschäftsstelle
Hauptstr. 40
A – 2392 Sulz
Tel. 02238-84 84
Fax 02238-85 45

NSBA
National Snaffle Bit Association
Amerikanischer Mutterverband für Western Pleasure-
und Hunter under Saddle Prüfungen aller drei Westernpferderassen

Germany NSBA
National Snaffle Bit Association
Deutscher Anschlußverband der NSBA

PHA
Paint Horse Austria
Geschäftsstelle
Hauptstr. 40
A – 2392 Sulz
Tel. 02238-84 84
Fax 02238-85 45

PHCG
Paint Horse Club Germany
Geschäftsstelle
Hofgut Ramstein
78736 Epfendorf-Hartheusen
Tel. 07474-91 249
Fax 07474-91 269

SPHA
Schweizer Anschlußverband der APHA
Swiss Paint Horse Association

SQHA
Schweizer Anschlußverband der APHA
Swiss Quarter Horse Association

SWRA   Schweizer Anschlußverband der AQHA
Schweizer Western Riding Association
Pferde aller Rassen sind auf Turnieren zugelassen

Da sich die Adressen der Anschlußverbände häufig ändern, wird empfohlen, bei den entsprechenden Dachverbänden nachzufragen.

ZUM WEITERLESEN

BARTZ, JÜRGEN: Bis der Tierarzt kommt; Erste Hilfe für Pferde, Stuttgart 1996
BENDER, INGOLF: Praxishandbuch Pferdehaltung; Haltungsanlagen optimal geplant – Auslauf, Stall und Weidepraxis, Stuttgart 1999
ETTL, RENATE: Pferdewissen aus dem Wilden Westen, Stuttgart 1996
HAWCROFT, TIM: Kosmos-Lexikon Pferdekrankheiten, Stuttgart 1998
SELF, HILARY PAGE: Heilkräuter für Pferde; Kräuter von A–Z; Gesundheit und Fitness fördern, Stuttgart 1997
HOLTAPPEL, ANTJE: Go West – Westernreiten, Stuttgart 1995
HOLTAPPEL, ANTJE: Die beste Zäumung für mein Pferd; Trensen, Stangen, gebißlose Zäumungen, Stuttgart 1997
KRÄMER, MONIKA: Pferde erfolgreich motivieren, Stuttgart 1998
MAYHEW, BOB / BIRDSALL, JOHN: Die Kunst des Westernreitens, Stuttgart 1999
MEYERDIRKS-WÜTHRICH, UTE: Bach-Blütentherapie für Pferde; Körper und Seele heilen, Stuttgart 1998
PENQUITT, CLAUS: Die Freizeitreiter-Akademie, Stuttgart 1993
RAKOW, MICHAEL: Die homöopathische Stallapotheke, Stuttgart 1999
RASHID, MARK: Der auf die Pferde hört; Erfahrungen eines Horseman aus Colorado, Stuttgart 1999
TELLINGTON-JONES, LINDA / TAYLOR, SYBIL: Die Persönlichkeit Ihres Pferdes; Die Kunst Charakter und Temperament Ihres Pferdes zu bestimmen und positiv zu beeinflussen, Stuttgart 1995
TELLINGTON-JONES, LINDA: Trainingsplan TTouch 1, Stuttgart 1998
WIENRICH, KAY / ETTL, RENATE: Profi-Tips Westernreiten – Reining, Stuttgart 1997
WITTEK, CORNELIA: Von Apfelessig bis Teebaumöl; Hausmittel und Naturheilkräfte für Pferde, Stuttgart 1999
ZEEB, KLAUS: Die Natur des Pferdes; Beobachtungen eines Verhaltensforschers, Stuttgart 1998

BILDNACHWEIS

Mit 139 Farbfotos von: Hans D. Dossenbach, CH-Siblingen (S. 4/5, 7, 10 o., 32, 32/33, 37, 38, 52 o., 59, 86, 94, 104/105, innere Umschlagklappe o.li. und u.re.), Monika Dossenbach, CH-Siblingen (S. 8/9, 14, 22, 48, äußere Umschlagklappe oben), Hans Kuczka, Wetter (S. 20), Lothar Lenz, Cochem (S. 10 u., 11, 13, 16, 18, 21, 30, 39, 65, 90, 119), Krämer Pferdesport, Hockenheim (S. 27), Bernd Schellhammer, Großstadelhofen (S.36/37, 96), Christiane Slawik, Würzburg (S: 6, 12, 16/17, 19, 31, 34, 35, 56/57, 61, 64, 68, 80, 81, 106, 108); Ute Tietje, Kirchlinteln (S. 5, 10, 15, 23, 28, 29, 40, 42 li., m., re, 43 li., m., u., 44, li., m., re., u., 45 o., m., u., und re., 46 li., mi., re., re.u., 47 o.li., li., mi. und re., 50 li., mi. und re, 51, 52 u., 53, 55, o. und u., 57, 58 li., mi. und re., 63, 67, 69, 71 re. und li., 73, 75, 77, 78, 83, li., mi. und re., 85, 88/89, 89, 91, 98, 99 li., mi., re. und u., 100 li., mi, re. und u., 101 o.li.,o.re, u.li., u.mi. und u.re., 102 li., mi und re., 103 o.li., o.mi., o.re., mi. und u., 107, 109, 110 o. und u., 111, 112, 113, 114, 115. li. und re., 116 o. und u., 117, innere Umschlagklappe o.m., o.re., u.m. und u.re.).

Foto auf S. 9 mit freundlicher Genehmigung von The Quarter Horse Journal, Amarillo, Texas, USA.

Die Grafiken im Innenteil erstellte Cornelia Koller, Schierhorn.

IMPRESSUM

Grundlayout und Umschlaggestaltung von Friedhelm Steinen-Broo, eSTUDIO CALAMAR; Titelfotos von Sorrel, Gaby Kärcher, Ebersbach (großes Motiv), Ute Tietje, Kirchlinteln (kleines Motiv). Foto auf dem Buchrücken von Bernd Schellhammer, Großstadelhofen.

Die Deutsche Bibliothek – CIP Einheitsaufnahme

Westernreiten : Praxiswissen für Ein- und Umsteiger / Ute Tietje. [Mit ProfiTips von Pete Kyle]. – Stuttgart : Kosmos, 1999
   (Kosmos Reiterwissen)
   ISBN 3-440-07817-5

© 1999, Franckh-Kosmos Verlags-GmbH & Co., Stuttgart
Alle Rechte vorbehalten
ISBN 3-440-07817-5
Redaktion: Katja Metzler
Grundlayout: Friedhelm Steinen-Broo, eSTUDIO CALAMAR
Gestaltung: Gisela Dürr, München
Herstellung: Kirsten Raue
Satz: Atelier Krohmer, Dettingen/Erms
Printed in Germany / Imprimé en Allemagne
Druck und Buchbinder: Westermann Druck Zwickau GmbH, Zwickau

Kosmos Verlag
Mitglied in der

DVSP e.V.

Deutsche Vereinigung zum
Schutz des Pferdes e.V.
Wienkamp 11 rechts
46354 Südlohn

REGISTER